정원의 순간

일러두기
· 본문의 고딕체 각주는 편집자 주입니다.
· 본문에 나오는 식물 이름은 국가표준식물목록(http://www.nature.go.kr/kpni/index.do)을 참고해 정리했습니다. 목록에 없거나 정확하지 않은 경우 통용되는 이름을 사용했습니다.

조구연의 정원에서
내일을 묻다

글·사진 이동협

정원의 순간

목수책방
木水冊房

정원을 가꾸는 최고의 비결?
적당히! 대충!

정원 주인들에게는 공통의 버릇이 있다.
궁극적으로 정원을 떠나지 못하는 것이다.

정원을 방문한 이들은 가끔, 풀숲 이슬에 젖어 드는 몸은 아랑곳하지 않고
일찍부터 허리 구부려 일하거나,
한 줌 햇살이 남아 있는 어스름 저녁까지 정원을 서성이는 주인을 보게 된다.
이들은 이른 새벽부터 열심히 일만 하거나
주황빛 저녁노을이 드리울 때까지 하릴없이 시간을 때우고 있는 것이 아니다.
인생은 유한한데 보고 느끼고 배워야 할 세상은 무한하니
정원 주인들이 만나는 '정원의 순간'도 다르지 않다.
자신이 보살피는 풀과 나무, 심지어 흙과 돌과 비바람까지
영혼을 공유하는 자식과 같으며,
그들과 하는 대화, 그들이 만들어 내는 '비주얼' 역시
헤아릴 수 없이 무한하다.
그러기에 한순간도 놓치지 못하는 것이고, 정원을 떠나지 못하는 것이다.

한 뼘 소박한 정원의 주인으로 정원에 대한 의무와 권리와 마성魔性에 빠져
17년을 고민하며 살았나 보다. 크든 작든 한 공간이 보여 주는
정원의 순간을 온전히 구경하는 일은
진정한 즐거움을 주지만 쉽지 않은 시간과 노력이 필요하다.
나의 주마간산走馬看山하는 역마의 성정을 핑계로
소박한 정원을 떠나 세상의 정원을 구경한 지 10년의 세월이 지났다.

정원을 가꾸고부터는 정원을 한번 보고
그 정원을 안다고 이야기하는 것이 참으로 가소롭다는 생각이 들었다.
주인조차 평생을 바쳐도 다 보지 못하고 알지 못하는
정원에서 이루어지는 소통과 융합과 조화의 순간을
어찌 지나는 객이 한순간에 알아채겠는가?
길은 멀고 노잣돈은 부족하지만,
정원을 가꾸는 사람이 느끼는 연대와 동지애, 자연을 향한 경외심,
인간과 자연, 그 어울림의 역사를 공부하는 마음으로 길을 나섰다.
뜻하지 않았으나 이 전시는 소박한 여정의 출사표이자
수년간 정원을 만드느라 노심초사하신 손진기, 박귀전 두 분의
노고에 대한 우정의 헌정이며, 또 눈앞의 정원에 매이지 말고
세상 밖의 정원으로 휘이휘이 놀러 다니자는 '꾐'이기도 하다.

전시는 미완성이며 언제 막을 내릴지 모른다. 주인 마음이다.
또다시 속절없이 무너져 내리는 정원의 순간을 만나면
다시 채워지고 수없이 바뀔 수도 있다.
정원을 버리고 다시 정원을 얻었다.
아름다운 나의 정원, 정원의 순간들을 소개한다.

이 글은 2014년 나의 오랜 정원지기 친구 손진기·박귀전 부부가 만든 '비채움정원미술관'(비채움은 비우고 채우고 움튼다는 의미를 담고 있다)의 첫 전시 소개 글이다. 당시 나는 작은 정원이었지만 17년 차 정원사였고, 천리포수목원을 드나들면서 시작한 정원 공부의 범위가 넓어져 남도의 여러 전통 정원을 답사하며 기록 작업을 계속하고 있던 때였다. 돌이켜 생각해 보면 정원이 만들어 내는

여러 현상과 지속 가능성이 어떤 의미인지 어렴풋이 헤아리는 시점이었다. 그 헤아림의 속뜻을 간단히 줄이자면, 정원 주인으로서 정원사 노릇 하기가 참 힘들고, 도와줄 사람을 구하기도 쉽지 않으며, 젊은이들은 관심이 없다는 것이다. 정원사로서 이력은 쌓여 가겠지만, 그 책임과 열정은 좀 내려놓고 즐기는 마음으로 여유롭게 살아가자는 권유이자 유혹을 받았던 셈이다.

다시 10년의 시간이 흘러 27년 차 정원사가 되었고, 정원 답사와 기록은 여전히 진행형이다. 하지만 대한민국 정원에 대한 인식과 환경 조성에는 급격한 변화가 있었다. 아파트로 대변되는 집단 주거 단지의 가치에 '정원과 조경'이라는 환경적 요소가 우선 적용되었고, 도시환경 개선과 부동산 가치의 견인을 위해 공공 수목원과 도시공원·정원이 동시다발적으로 생겨났다. 특히 2013년 전남 순천시에 자리한 순천만정원의 개장, 국제정원박람회라는 색다른 이벤트의 개최와 성공에 이은 제1호 국가정원 지정은 지자체 관광 활성화와 정책 홍보는 물론, 도시환경 개선과 부동산 가치 제고, 지역 원예·조경업의 발전과 특화라는 선순환을 위한 선도적 정책 모델의 아이콘이 되었다. 순천의 사례는 이후 다양한 형식의 공공 수목원과 도시정원 조성은 물론 관련 이벤트를 앞다투어 유행시키는, 국내 조경산업의 중요한 시대적 전환점이자 서사적 시발점이었다고 평가할 만하다.

사실 '정원'이라는 공간 개념과 주제는 유럽과 미국에서는 너무나 익숙하고 일상화된 주거문화이자 생활산업이지만, 대한민국에서는 '정원' 하면 시 외곽이나 그린벨트 지역의 비닐하우스가 먼저 떠오른다. 이런 열악한 대한민국 원예업의 분위기 속에서 순천시의 색다른 '선택과 집중', 그리고 '국제정원박람회'라는 생소한 대형 이벤트의 성공은 절대 뒤처지기 싫어하고 내세우기 좋아하는 지자체 단체장들에게 아주 강한 충격을 주었고 순천시를 시샘하게 자극했다. 이후 경향 각지에서 국가정원, 지방정원, 민간정원 조성과 지정 신청이 줄을 이었고, 원조의 어설픈 '카피' 같은 정원 전시 이벤트가 우후죽순처럼 개최되고 있다. 하지만 완성도와 경쟁력은 사뭇 다른 양상을 보인다.

  2023년 순천시는 제2회 순천만국제정원박람회를 개최해 10년의 이력이 더해진, 보다 성숙한 식생 환경을 보여 주며 공고한 위상과 경쟁력으로 차별화하고 있다. 그러나 단체장들의 열망과 지향적 정책, 정원이나 도시공원의 녹지가 제공하는 시각적 감성과 경관적 아름다움, 시민이나 관광객이 느끼는 감동과 환호에 가려져 있는 무시하지 못할 현실을 간과해서는 안 된다. 정원, 도시공원, 공공 수목원 등 다양한 녹지가 지속 가능하도록 '철저한 운영·관리 계획 수립과 실천'이라는 대전제가 실현되어야 한다는 것이다. 하지만 안타깝게도 대한민국 모든 녹지의 관리와 운영은 높은 점수를 받기 어려운 것이 현실이다. 일단 저질러 놓고 보자는 전시 행정의 결과일 수도 있고, 정작 제일 중요한 '관리와 운영'을 치밀히 계산하지 않은 프로젝트 설계 역량의 부족일 수도 있고, 부실한 예산 편성과 부족한 나라 살림 때문일 수도 있다.

  '인공의 자연'인 이 녹지는 공구나 장비, 일상적 관리 시스

템만으로는 작동하지 않는 감성적 아날로그 공간이다. 단순 노동 인력만으로 운영·관리하기가 쉽지 않은, 관리의 기준도 모호하고 결과도 무궁무진한 (잘해도 표가 나지 않고, 해도 해도 끝이 없다) 대표적 '고비용 저효율' 공간이지만 관리 부실의 결과는 혹독한 불만 민원으로 돌아오는 곳이기도 하다.

  예를 들어 보자. 산이나 들 같은 자연에서 벌에 쏘이면 개인의 잘못이나 불운으로 치부하지만 기관이 관리하는 녹지에서 상황이 발생하면 사람들은 관리 책임을 따질 것이다. 이런 사례가 셀 수 없이 나타나는 것이 현장이다. 결론적으로 세계적으로 유명한 영국의 풍경식 정원 landscape garden이나 프랑스의 정형식 정원 formal garden, 이탈리아의 노단식 정원 terrace-dominant architecture style, 경사지 약간 높은 곳에 주택이 있고, 그 아래쪽에 주변 경관을 조망할 수 있도록 계단식으로 조성한 정원은 물론, 어딘가 부족해 보이는 일본의 와비사비わびさび, 소박하고 오래된 정취 정원까지도 드러나지 않는 노동과 비용, 인내의 시간과 지속적 관리를 통해서만 존재한다는 사실을 알아야 한다.

개인정원은 지속 가능할까? 여기서 공간의 규모와 형식, 운영 주체에 따라 다양한 의견을 피력할 수는 있겠지만 (생산 인구는 급격하게 줄고 중소기업, 서비스, 농수산업에 필수적인 노동력을 구하기 어려운 작금의 현실과 국가의 경제력, 성장세를 고려한다면 사실 비관적이다) 그 범위를 최소한으로 줄여 집단 주거 (아파트)가 주류이고, 단독주택과 정원생활 문화가 척박한 대한민국에서 공공 공간이 아닌 개인의 '소박한 정원'은 지속 가능할까? 이 책은 이런 의문에서 출발하고자 하며 그 이유는 이렇다.

　내가 지금까지 구경해 온 정원은 수십 평의 개인정원에서부터 수천, 수만 평의 대규모 민간정원은 물론 농원, 민간 수목원과 드넓은 국공립 수목원, 해외의 유명 수목원과 식물원, 심지어 미디어 아트를 적용한 디지털 가든까지 형식과 규모 면에서 매우 광범위했다. 하지만 이런 공간들을 관통하는 공간의 본질은 '보여 주는 것', 즉 전시展示다.

　처음에는 식물을 향한 사랑으로 시작하겠지만, 점점 남들에게 자신의 사랑과 나만의 표현 방식을 보여 주고 자랑하고 싶은 욕망이 작동하기 마련이다. 그러한 상호작용이 커질수록 규모도 비례하고 비용도 따라서 증가한다. 결국 지속 가능한 공간이 되기 위해서는 전시업, 더 나아가 전시산업의 경영이 적용되어야 하는 시점이 도래한다. 이러한 이성적 자각과 존립의 현실을 깨닫기 전까지 정원 주인들은 '사랑과 욕망의 볼레로'에 빠져 있는 것이다. 사랑으로 시작했지만 더 많이, 더 넓게, 특별한 다름을 보여 주겠다는 욕망이 쌓여 갈수록 비용은 증가하고 효율과 진정성은 허술해진다. 개인이나 민영이 국공립 수목원이나 식물원의 규모와 보유 개체 수를 이길 수 있겠는가?

　정원을 가꾸어 왔고, 여러 정원을 오랫동안 묵묵히 기록해 왔으며, 정원에 '진심'이라 자부하는 나는 지금 대한민국의 정원 열풍에 걱정이 많다. 2023년 대규모 정부 예산이 투입된 순천만 국제정원박람회는 그나마 입장료를 받아 수지를 맞추려는 노력

| 조구연의 정원 |

부정형의 맨땅과 이웃과의 애매한 경계, 식물을 지지하기 위한 구조물, 관수를 위한 호스가 널려 있는 다소 산만한 풍경을 정원의 첫 이미지로 소개하는 이유가 있다. 정원을 눈에 보기 좋은 포장된 풍경으로 즐기기보다 드러나지 않는 정원의 현실을 진지하게 고민해 보자는 것이 이 책의 의도다.

이 보였지만, 역시 대규모 정부 예산이 투입된 2024년 서울국제정원박람회는 '입장료 없는' 대형 이벤트라는 홍보를 대대적으로 했다. 현재 여러 지자체가 이와 유사한 공간을 조성하고 관련 이벤트를 기획하고 있으며, 포화 상태인 듯한 수목원이나 식물원 신규 조성 계획도 세워지고 있다. 지상파에서 정원을 다루는 다큐멘터리를 소개하는 경우도 늘어나고 있으며, 정원 전문 유튜브 채널은 앞다투어 그 공간의 아름다움과 식물들을 소개한다. 은퇴 이후의 생활공간으로 정원을 희망하는 이들도 많아졌다.

그러나 대규모 공간의 운영 상황이나 정원생활의 현실은 미디어가 보여 주는 것과는 확연히 다르다. 예를 들어 보자. 작은 면적의 개인정원조차 긴 장마를 거치면 관리가 쉽지 않아 병충해와 과습의 영향을 받는다. 그러면 식물은 부실해지며, 토양은 유실되고, 정원은 정글이 되기 일쑤다. 복구하려면 많은 시간과 비용이 따라야 한다. 개인정원이 이런데 도시공원과 수목원, 식물원은 어떻겠는가? 원만한 운영을 위한 충분한 예산이 확보되어야 산업이 견인되고, 고용을 유발하며, 지역 경제가 활성화된다. 이것이 바로 선순환의 산업 아이템이자 지속 가능한 콘텐츠다. 세금에 의존하지 않는 콘텐츠의 자생력 확보와 발전은 정원이 기초적인 생활 기반이 되고 정원문화의 확대가 수반되어야 가능한 일이다. 그래서 나는 전시 사업이나 산업의 거대 영역을 논외로 하고, 먼저 순수와 진정성을 잃지 않은 규모의 정원, 즉 사업형으로 가기 전 개인정원의 지속 가능성을 가늠해 보면서 '조구연의 정원'을 소개하려 한다.

주변에는 정원 가꾸기에 갓 입문해 의욕이 넘치는 이들도 있고, 이상적인 정원생활을 꿈꾸는 이들도 있으며, 반대로 그 생활이 지치고 힘들어 정원을 처분하려는 이들도 있다. 나의 인생에서 나름 힘이 있었던 40대 후반, 천리포수목원이라는 거대 정원을 6년 동안 지켜보며 《정원소요》라는 첫 책을 낸 지 15년의 시간이 지났다. 그 시간 동안 쌓은 경험과 세상 여러 정원을 구경하면서 정원에 대한 나의 시각은 많이 달라졌다. 여전히 세상에는 규모와 감각을 내세우고 자랑하는 정원으로 가득하지만, 그것을 지속 가능하게 하는 것은 시간을 관통하는 진심과 성실함, 꾸준한 관리다. 그 과정을 담기 위해 가장 기초적인 공간을 지켜보고 이해하는 데만 해도 6년의 시간이 걸렸다. 이 기록은 기획이나 계획, 설계 등 그럴듯한 의도나 경관의 분석, 평가가 아니라 부담 없이 즐기고 지켜 나가야 하는 내 곁의 가장 가까운 정원에 관한 현실적 이야기다. 이를 통해 '슬기로운 정원생활'을 위한 진단과 해법을 찾아보고, 나아가 정원이 극히 제한된 자신만의 선택적 공간이자 전시장임을 깨닫는다면 세상 밖 정원 구경을 떠나기를 적극 권한다. 이것이 정치적 의도, 편향적 이해관계가 숨어 있는 정원을 둘러싼 이상기류를 잠재우고, 민간정원과 수목원을 살리며, 산업의 균형적 발전과 문화 확산을 위한 작은 기여가 될 것이라 믿는다.

— 2025년 1월 꿈꾸는 정원사 이동협

차례

들어가는 글
  정원을 가꾸는 최고의 비결? 적당히! 대충! ····· 004

1장 개인정원은 지속 가능할까 ····· 016
  조구연 정원의 규모와 구성 ····· 018
  정원사의 일과 역할 분담 ····· 026
  정원을 가꾸는 재미, 정원을 만들어 내는 힘의 생성과 계승 ····· 033
  가성비의 공간 ····· 038

2장 조구연의 정원전展 ····· 048
  정원 주인을 보면 정원이 보인다 ····· 049
  일생의 봄 ····· 051
  타고난 저마다의 소질을 계발하고 ····· 053
  슬기로운 덕후생활 ····· 056
  조구연의 정원 구성과 주요 식물 목록, 식물 키우기 ····· 060

개인정원의 수준을 뛰어넘는 조구연의 식물 컬렉션 ····· 078
만병초 · 수국 · 동백나무 · 진달래 · 철쭉

열두 달, 사계절 풍경이 있어야 정원이 완성된다 ····· 100
동백나무의 꿈 · 동백아가씨 · 봄볕 · 신록 · 모란 · 봄 등 · 여름 접시꽃 · 무늬 · 질감 · 열매 · 가을빛 · 물듦 · 된서리 · 다시 온실 · 가든 러블리 · 정원의 순간

생명의 재탄생과 희열 ····· 136
증식 작업 · 황철쭉 파종 · 영산홍 삽목 · 동백나무 삽목 · 동백나무 접목 · 취목

현재진행형 학습 ····· 156

그대 모습은 장미 ····· 159

무궁화꽃이 피었습니다 ····· 162

어머니의 텃밭 ····· 170

아주 특별한 일용할 양식 ····· 173

글을 마무리하며 ····· 182

개인정원은 지속 가능할까

지속 가능한 정원의 조건이란

1 정원의 규모는 적절한가?
2 정원사의 역할 분담이 이루어지고 있는가?
3 '가성비'가 좋은 효율적 공간인가?
4 정원을 가꾸는 재미와 힘을 만들어 내고 계승하는가?

이 네 가지 관점에서 충분조건을 찾아야 한다.

조구연 정원의 규모와 구성

《나를 미치게 하는 정원이지만 괜찮아》(윌리엄 알렉산더)라는 책이 있다. 정원사 생활을 어느 정도 한 사람이라면 작가가 얼마나 정원에서 좌충우돌하며 어려움을 겪는지 단박에 알 수 있는, 솔직하고 직관적인 제목이다. 갓 입문한 원예 초보 정원사가 고군분투한 기록을 코믹하게, 때로는 울고 싶도록 아프게 담아 전 세계 독자들의 많은 공감을 얻었다. 나의 정원사 생활도 이와 다를 바 없었다. 압축적이고 집중적인 교육·훈련이나 전문 가이드, 임상 테스트 없이 (있다 한들 먹고살기 바빴던 시절이라 못했을 것이다) 시간의 흐름에 따라 상황적으로 대처하며 정원 일을 배우다 보니 정원 구경을 다니며 눈동냥 귀동냥은 조금 했지만, 실수투성이에 모든 것이 더디고 어려웠다.

  디지털 커뮤니케이션이 활발한 요즘은 검색어 하나만 던

져도 포도송이처럼 알고 싶은 정보와 상황을 소상하게 가르쳐주는 가이드나 선생님이 줄줄 달려 올라온다. 하지만 1960년생 베이비붐 세대인 나는 아날로그적인 시행착오와 수련을 더디고 길게 온전히 감내하며 정원사의 노동과 수고, 자연의 오묘하지만 때로는 단호한 섭리와 위대함, 인간의 몽매와 한계를 체득해 나가고 있다. 문제는 여러 경로와 경험을 통해 짜깁기한 학습과 정보 기술, 자연의 순리 등을 어느 정도 알게 되고, 교호작용으로 연결이 자연스럽게 이루어지고 지평이 열리는 느낌을 받는 경지(소위 도가 통한다는)에 이를 즈음, 아쉽고 안타깝게도 그 사랑은 시들해지고 육신의 힘이 떨어진다는 것이다. 이게 바로 평범한 정원사의 행로다. 그러나 어떤 분야든 입문자나 애호가가 선행 학습이나 선지식善知識의 시행착오를 다시 겪고, 정착과 심화 과정에서 기술 정보 습득과 경험을 전수받지 못하고 험난한 정착기를 반복한다면, 그 분야의 발전과 문화적 성숙, 산업으로 전환되는 성장은 기대할 수 없다. 내가 겪는 것들을 자식이나 후배도 똑같이 겪어 보아야 한다는 주장은 전근대적이고 이기적인 꼰대 같은 발상이다. 보다 높은 곳에서 점프할수록 더 멀리 날 수 있다. 이것이 이 글을 쓰는 중요한 이유이기도 하다.

    정원사로서 가져야 할 마음가짐과 자신의 위치와 역할에 대한 자각과 자리매김 positioning, 산업적 발전을 위한 녹지의 역할과 운영 주체의 정책 지향에 관해 오랜 시간이 지나서야 정원사로서 깨달은 바가 있다. 각 정원의 주인도 자신의 위치를 명확히 파악하고, 자신의 한계와 타인의 역할을 인정하며, 욕심을 버리고, 즐길 수 있어야 한다는 것이다.

다소 교훈적이고 자기 계발을 자극하는 듯한 이 애매한 문장을 정원의 면적에만 국한해 보자. 전원생활을 희망하고 정원을 가꾸고자 하는 초보 입문자는 원하는 주택과 정원을 유지하기 위해 필요한 일의 종류와 물량, 소요 시간과 비용, 동원 가능한 노동력의 한계(가족의 도움을 기대하겠지만, 자식들은 언감생심이고 부부 중 한 명이라도 싫어한다면 결국 혼자 감당해야 한다)를 구체적으로 파악하지 못한다.

지역개발에 따른 부동산 투자를 겨냥한 것이 아니라면, 전원생활과 정원을 어설픈 낭만과 치기로 선택했다가는 향후 2~3년 내에 소위 '현타현실 자각 타임'가 올 것이다. 내가 적을 두었던 회사의 사원들이 조합을 결성해 조성한 전원주택 단지 세대의 90퍼센트가 생활 부적응과 자녀 교육 문제 등으로 물적 손해를 감수하고 이탈했다.

여기서 주택과 정원 관리에 관한 상세 설명과 실태, 애로 사항을 소개하는 것은 주제에서 좀 벗어나는 일 같아 생략하고, 나의 판단을 밝혀 보자면 이렇다. 정상적인 일상(직장에 다니고 살림을 하는)을 유지하면서 가족이 꾸려 나갈 수 있는 개인정원private garden의 최적 모델은 아파트가 흔하지 않던 시절 '어머니들의 텃밭'이었고, 면적의 적정 규모는 노동 가용 인력 1인당 100평 이내가 아닐까(이는 구체적 기준이 아닌 27년 차 정원사의 경험치이며, 근력이 떨어지는 노년의 상황을 고려한 개인적 판단이다)? 우선 개인 정원을 (수익이나 사업을 위한 공간이 아님을 전제로 한다면) 별도의 운영·관리 인력이 아닌, 가족의 노동력으로 일상적으로 관리할 수 있어야 한다. 생명, 자연과 교감할 수 있고 치유 시간을 제공하는 공간의 순기능이 이루어져야 하며, 욕망(보다 많이, 넓게, 특별하게, 아름답게)과 관리 부담(물 주기, 가지치기, 병충해와 잡초 관리, 보안 등)이라는 역기능에서 자유로울 수 있는, 즉 정갈하고 소박한, 푸성귀도 키울 수 있으며, 비워 두고 며칠 떠날 수 있는, 부담 없는 공간이어야 한다.

그렇다면 솟구치는 욕망을 해소하고 '희망 고문, 정원 감옥, 잡초 지옥'이라는 관리 부담에서 헤어 나올 수 있는 대안은 무엇인가? 한국 전통 조경의 주요 기법 중 차경借景이라는 현명한 비법이 있다. 자기 땅이 아닌 외부 경관을 공짜로 빌려 자기 정원의 풍경으로 끌어들이고, 좁은 땅을 넓어 보이게 하며, 닫힌 공간을 열어 주는 이 기법은 우리 인생의 유한함과 한계를 극복할 수 있게 해 주는 것은 물론, 다방면에 적용할 수 있다. 이미 완성되어 특화된 정원이나 오랜 역사를 지닌 정원(수백 년 역사를 자랑하는 외국 정원)이 지속되는 이유는 특별한 제도 때문이다. 예를 들면 영국의 내셔널 트러스트 National Trust, 영국에서 시작한 자연보호와 사적 보존을 위한 민간단체가 내표적이다. 수목원이나 식물원 구경을 자주 다니다 보면, 어느 순간 개인정원 구성의 다양함이나 보유량, 면적의 대소 여부에 욕심을 부리는 것이 부질없다는 사실을 깨닫는 순간이 온다. 비로소 정원의 진정한 주인이 될 수 있는 준비가 된 것이다.

식물 자원의 수집·보전과 관리, 경관의 유지와 교육 등 큰

뜻은 관련 기관이나 단체에 맡기고, 되도록 욕망을 줄이고 정원을 즐기기를 권한다. 당신이 애지중지 키운 자식 같은 식물들은 관리를 부실하게 할 수밖에 없는 노년이 오면 부담이 될 수밖에 없는 미래다.

전시 온실. 조구연이 40년 동안 수집한 원종과 품종 중 노지 월동이 어렵거나 온도와 습도, 일조 조건 등을 세심하게 관리할 필요가 있는 식물들로 가득하다. 그에게는 이곳이 실질적인 작업장이자 학습장이며 마음이 편안해지는 쉼터이기도 하다. 35평 규모로, 원형 파이프 조립 구조 비닐하우스다. 전기히터로 보온하며, 추위에 민감한 식물을 관리하는 구역은 이중 비닐 구조로 되어 있다.

증식 온실. 실생, 삽목, 접목, 취목 등의 증식 작업으로 탄생한
어린 묘목들을 다시 각 개별 포트에 옮겨 심어 관리하는 공간이다.
대량 증식장과는 달리 작은 공간에 다양한 품종이 조금씩 올망졸망 모여
있어 어디에서나 볼 수 없는 색다른 풍경을 만들어 낸다. 35평 규모로,
원형 피이프 조립 구조 비닐하우스다. 전기히터로 보온하며,
전원은 태양열로 생산한 전기다.

130평 규모의 윗마당 정원. 추가로 구입한 부지에 조성한 곳으로, 윗마당 노지 정원과 증식 온실이 있다. 텃밭과 비교적 큰 키로 자라는 교목·과수가 토지 경계를 이루고 있다.

120평 규모의 아랫마당 정원. 귀촌 당시 구입한 부지에 조성한 전시 온실과 아랫마당의 노지 정원. 정원 주인의 왕성한 실험정신 때문에 풍경이 자주 바뀐다.

정원사의 일과 역할 분담

조구연의 정원은 총 부지 면적 350평으로, 주택 30평, 비닐하우스 2동 70평, 야외 정원 250평으로 구성되어 있다. 일반적인 노부부가 운영·관리하기에는 부담스러운 면적이지만 일정 기간 영업 활동과 40년간 '덕후'로 살면서 갈고닦은 이력의 소유자인 부부에게는 수긍이 가는 면적이다. 그러나 2023년같이 강우 일수가 많고 비가 집중적으로 내릴 경우(기후변화의 영향) 잡초 관리가 쉽지 않고, 부부의 나이를 감안하면 원로園路의 포장 여부와 화단의 면적 조정, 관수 시스템 개선을 통해 관리 시간과 일의 양을 줄이는 개선책이 필요하다.

개인정원에서 해야 할 일들을 정리해 보면, 토양 관리, 화단의 조성과 관리, 오폐기물 관리, 수선 관리(전기, 설비, 수전)를 포함한 시설 관리, 비료 만들기와 뿌리기, 병충해 방제, 수목 식

재, 이식, 전지, 전정, 데드헤딩deadheading, 영양생장과 연속 개화를 위해 시든 꽃을 따 주는 일, 관수 작업 등의 생육과 품질 관리, 식물의 수집과 증식(실생, 삽목, 접목, 취목), 텃밭 조성과 관리, 좀더 나아간다면 정보 수집과 대장 관리, 공간 관리(디자인과 경관) 등이 있다.

부부는 역할 분담이나 일에 대한 구체적 명세나 합의 없이 자연스럽게 호흡을 맞추어 왔지만, 힘이 필요한 일이나 시설의 설치와 관리 작업은 손재주가 남다른 남편의 몫이다. 앞에서 열거한 정원 일은 규모의 대소를 떠나 반드시 필요한 내용은 아니지만 (일반적인 아마추어라면 채종, 수집, 증식 등은 생략하고 화단 구성, 공간 디자인, 시설물 보수와 수선 등 직접 하기 어려운 항목은 외주 용역으로 해결할 것이다) 식물을 다루는 일의 전문성을 확보하고, 작업의 일관성을 유지하고, 비용을 절감하기 위해서는 전 과정에 대한 기술 습득이 필요하며, 이렇게 독자적 운영·관리를 위한 종합적 기술 습득과 실행이 지속 가능한 정원의 조건 중 하나다.

식물은 애정을 쏟는 단순한 반려의 대상이 아니다. 식물 생태를 관찰하고 학습하는 과정은 지속적으로 신체와 뇌의 활동을 자극해 건강을 유지하고 치매를 예방할 수 있게 한다. 새로운 사랑의 대상이 된 식물은 삶의 의욕은 물론 학습 의욕도 고취한다. 실생파종, 삽목, 접목, 취목 등 증식 기술을 습득하고 실행하며 생명 재탄생을 통한 성취감과 기쁨도 느낄 수 있다. 더 나아가 최소한의 비용으로 보다 풍성한 정원을 꾸리면서 소소한 거래의 재미도 느끼고 관리의 힘을 경험할 수도 있으며, 나눔의 기쁨을 누리며 정원문화를 전파하기도 한다.

| 다양한 증식 작업 |

2018년 7월 31일

더위와 가뭄이 7월 초부터 시작 되였다
요지음 기온이 30,7도 8도를 오르내리며 비가오지 안으니
밭에 있는 식물이나 온실에 있는 식물 할것 없이 물주는 물주기
하루 일과다 온실물은 아침에는 빠진데 없이 꼼꼼이 주고
오후에는 엽수를 한다.
초봄부터 네덜란드 수입품인 오케비료를 한달에 한번썩
두번 주엇고 하이포넥스는 그사이에 2번 주고, 목초액과
이앰도 간간이 주엇다 그런데도 병충해가 심하여
수국꽃은 아름답지를 못했다
 작년과 올해 작심하고 좋은 품종의 수국을 수집 하였는데
잎이 오그라지고 검게, 또는 누렇게 말라 죽어 가니
당황스럽고 불안하여 여기 저기 아는이들에게 물어보고
농약방으로, 농업기술센터로 병든잎은 따가지고 찾아
다녔다. 농업기술센터서는 응애가 기어다닌다고 하였다
응애약을 주어도 수국은 회복이 안되어 탄저병약은 7일에
한번썩 뿌리고 있다.
그런데 요지음 새로운 사실이 발견 되였다
황철쭉 (엑스바리) 옆에 놓아둔 수국이 총아무리 정성을
드려도 날이갈수록 줄기와 잎이 썩어가고 있었다
귀한 품종 화분 4개를 좋은자리 찾아 논다고 그곳에 두엇는데
거의 죽어가고 있다 새로 나오는 눈들이 까마케
썩어가고 있다 어제사 다른곳으로 옮기고 그애들이
그렇게된 사실이 생각 난 것이다.
황철쭉에 무슨병균인가가 보균상태라 외국에서 수입
금지된 것이라 것을. 어제 그분한테 전화를해 물어보니
그게 탄저병이란다

몇십 년을 꽃을 길렀어도 늦봄부터 가을까지
종합 살충제나 살균제를 그 달에 한번 정도 주었는데
수국은 병이 없는 품종이라 여겼는데 세상이 변했나
기후 탓인가? 앞으로는 전문성있는 농약을 사용
하지 않으면 안된것 같다
응애약, 진딧물약, 탄저병약, 달팽이약, 깍지벌레약
쓰리푹스(연한잎 즙을 먹는 벌레.) 이것은 특히 철쭉에
많이 발생하여 그동안 日本 농약. 오토란 입제를 사용
하였다
봄에 새순이 돋아나 자랄때는 진딧물이 생겼나
살펴야 한다 특히 보리수 나무가 대표적이다 무궁화도,
날씨가 더워지기 시작하면 응애 벌레가 극성인데
소나무, 향나무 같은 침엽수에도 나무잎 윤기가 없어보이면
응애 탓이다 특히 노지철쭉 잎이 하얗게 변하는것을
쉽게 볼수있는 현상이다.
탄저병은 농가에서 보통 고추에 흔한병으로 알았다.
그런데 우리집 수국이 탄저병이라니. 그동안 되는대로
살엇구나 싶다. 다음으로는 일본책에서 쓰는 병명
쓰리프스, 철쭉과 만병초에 심하다. 꽃이 피고나서
새로운 순이 날때 그병에 걸리면 적극적으로 방제를
해야 한다. 우리눈으로 식별이 안되는 아주 작은 벌레들이
연한 속잎의 즙을 짜먹는다고 한다, 그것에는 그로란
입제가 특효약인데, 국내산 농약은 무엇이 있는지 모른다
깍지벌레는 여름에 감나무에서 쉽게 보는데
방제가 쉬운편이다,
다음으로는. 세균병, 균해병이라고도 한다.
주로 할미꽃, 붓꽃에 그병이 오면 치명적이다

포기가 내려 앉아 들어보면 좁쌀 가루같은게 붙어 썩어 간다
그게 발견되면 즉시 수거하여 불에 태운다, 다른곳으로
전염 되기 때문이다

2024년 여름도 기록적인 더위로 힘들었지만 이 기록은 2018년 여름에
한 것이다. 조구연의 일지에서 유난히도 더위가 길었던 여름을 지내며
정원사가 느낀 관리의 어려움과 노고의 소회를 엿볼 수 있다.

개인정원은 지속 가능할까

정원을 가꾸는 재미, 정원을 만들어 내는 힘의 생성과 계승

정원 관리에 필요한 여러 작업은 혼자 할 수도 있겠지만 (봉급생활자라면 혼자서는 어렵다) 두 명 이상 하는 것이 시간도 절약할 수 있고 효율도 높일 수 있다. 1인당 100평을 감당할 수 있다면 2인은 200평이 아니라 300평도 감당할 수 있다. 하지만 짐작하건대 많아야 두 명일 것이다. 부부가 한마음으로 정원 일을 하는 것도 일반적이지 않은, 박수 받을 일이나 충분한 조건은 아니다.

　식물을 향한 사랑과 열정으로 정원을 이어받을 후계자와 함께하고 육성하는 것이 지속 가능한 정원을 위한 또 하나의 우선 과제다. 하지만 권유와 강요는 쉽지 않다. 대한민국의 주거 환경과 문화, 국민성을 고려하면 국내의 전원생활자나 정원생활자(농업·임업인의 생활 기반과는 구분해야 한다)는 실로 독특한 세계관의 소유자여야 한다.

정원(전원)생활자의 노출된 문제점을 살펴보면 다음과 같다.

- 우리나라는 주택을 소비재가 아닌 재산으로 인식하는데, 전원주택의 경우 택지 구입과 신축 비용은 비싸지만 재산 가치는 시간이 갈수록 떨어진다.
- 수도권의 경우 200평 전원주택보다 30평 아파트가 훨씬 비싸다. 환금성이 떨어지며 원금 회수는커녕 매매도 쉽지 않다.
- 대중교통 접근성이 떨어진다.
- 자녀 교육 환경이 취약하다.
- 의료·복지 시설이 부족하고 접근성도 떨어진다.
- 소통(커뮤니케이션)과 사회적 관계 유지가 힘들다.
- 은퇴자가 소일거리로 하기에 적합하다고 생각하는 이들도 있지만 실은 적응이 쉽지 않다(정원 일도 농사도 힘과 패기가 있어야 한다).

위 사항은 널리 알려진 전원생활의 상수常數다. 그럼에도 생활이 가능한 그룹은 다음과 같다.

- 농업·임업·원예업이 생활 기반인 업계 종사자
- 재택근무 가능한 전문가
- 작가 등 예술가
- '패기'의 6차산업 1차 산업인 농업을 2차 산업인 가공업, 3차 산업인 서비스업과 융합해 새로운 경제적 가치를 창출하는 산업 희망자
- 정원 '덕후'로 살아갈 수 있는 자

식물과 정원을 사랑하는 세계관을 지닌 이들이 그나마 후계자 대상이 되지 않을까? 이 부분은 현재 대한민국이 직면한 인구 절벽과 지방 소멸, 도농의 불균형 발전과 비효율적 국토 관리 등 심각한 문제와 연결되는 지점이 있으니, 뒤에서 다시 다루고자 한다.

합천 황매산 모산재를 뒷배경으로 하고 맑은 내와 수변 전경이 펼쳐진 비채움은
정원이 갖추어야 할 최적의 조건을 가지고 있지만, 이곳마저 지속 여부를
고민하고 있다. 정원은 노동력이 필수적인 공간이다. 고령화와 인구 감소,
지방 소멸의 위기에 처한 시대에 정원이 지속 가능한 공간이 되려면
정원이 필요한 분명한 이유를 찾아야 할 것이다.

개인정원은 지속 가능할까

가
성
비
의
공
간

5월 어느 날 그 하루 무덥던 날
떨어져 누운 꽃잎마저 시들어 버리고는
천지에 모란은 자취도 없어지고
뻗쳐 오르던 내 보람 서운케 무너졌느니
모란이 지고 말면 그뿐 내 한 해는 다 가고 말아
삼백예순 날 하냥 섭섭해 우옵네다
모란이 피기까지는
나는 아직 기둘리고 있을테요
찬란한 슬픔의 봄을

— 김영랑 '모란이 피기까지'

경주시 안강읍 독락당의 모란

학창 시절 국어 시간에 시험용으로 달달 외웠던 이 시는 정원을 이해하는 나이가 되어 다시 읽으니 다가오는 시의 감성이 절절히 다르다. 시인이 게으른 베짱이처럼 노래만 한 줄 알았는데, 시를 가만히 들여다보면 정원을 직접 가꾸는 수고스러운 노동을 했기 때문에 이런 절절한 노래를 만들 수 있었던 것 같다. 시인의 소박한 한옥 마당에 모란 몇 그루가 정원 구성의 대부분이라면 (실제 이런 집들도 많다) 낙화洛花의 아쉬움은 이루 말할 수 없다. 모란의 생태를 이론적으로 이야기하자면 (나의 개인적 경험으로 비추어 볼 때) 개화 기간이 1주일도 채 되지 않는다. 그것도 맑고 화창한 날이 이어질 때만 가능하다. 변덕스러운 봄비와 바람이 중간에 끼어든다면 꽃이 소담한지 화려한지는 차치하고 정상적으로 피어 있는 기간이 고작 2~3일이다. 그러고 난 후 속절

없이 꽃잎이 떨어지고 이파리만 남아 광합성을 하며 생명을 유지하기 위한 5개월의 장정을 시작한다. 사람들은 이 허무함을 달래기 위해 식물을 사랑하는 이유를 여럿(꽃, 잎, 수형과 수피, 열매, 색깔과 향기 등) 만들어 왔지만, 모란의 관상 포인트는 아쉽게도 꽃이 전부다. 문학평론가들은 이 시가 유미적, 낭만적, 탐미적, 상징적이라지만 '찬란한 슬픔의 봄'은 명백한 사실이자 현실이며, 정원의 '가성비'를 은유적으로 잘 표현한 명문이다. 꽃이 핀다는 것은 식물에게는 생식생장(번식)을 위한 정점의 시간이겠지만, 인간에게는 단 1주일의 희열과 위로의 시간이다. 이를 보기 위해 1년을 가꾸고 기다려야 하는 공간이 정원이다.

개인정원은 이 황망한 슬픔을 덜어 내려고 사계절 꽃을 즐기기 위한 다양한 구성과 장치를 동원하기도 하지만, 정원을 이용한 사업장은 공간의 효율성을 극대화하기 위해 전시 사업에 필요한 모든 시설과 기능을 준비해야 한다. 현재까지 정원과 관련한 대한민국 최고의 '핫플 hot place'이자 성공한 사업장이라 평가받는 제1호 국가정원인 순천만정원의 2023년 국제정원박람회 전시장 구성을 관람객 편의를 위한 기본 시설을 제외한 전시 콘텐츠 위주로 살펴보기로 하자.

2023년 순천만국제정원박람회 전시장 구성

역사관	순천만 국제정원 역사관
방문자센터	순천만국제습지센터 운영관리본부, 미디어 체험, 실내 전시

기획 전시	순천만 가든쇼(실내·외) 작가들의 쇼가든
	물 위의 정원 수상 전시
	학교정원 이벤트 전시
	경관정원 작물을 이용한 인공 경관
	국가정원식물원 전시 온실(난·열대식물), 상설 전환 예정
	시크릿가든 미디어 아트 전시, 상설 전환 예정
	노을정원 신규 공원형, 상설 전환 예정
	키즈가든 신규 어린이정원, 상설 전환 예정
	현충정원 신규 전시 시설, 상설 전환 예정
상설 전시	한국, 영국, 이탈리아, 프랑스, 일본, 독일, 미국, 스페인, 네덜란드, 중국, 태국, 튀르키예 등 세계 각국 정원, 나무도감원, 호수정원, 습지원, 어린이동물원, 미로정원, 장미정원, 분재원, 수목원 전망지, 호수공원 전망대
이벤트 공연장	오천그린광장, 주제공연장, 호수공원공연장, 갯벌공연장, 습지센터공연장, 어린이놀이터
생태전시 동선	물길(유람선), 육로(관람차), 철로(스카이큐브) 어싱길(맨발 순환산책로)
숙박시설	가든 스테이 순천쉴랑게
지원시설	순천만 자연생태연구소, 에코지오온실

실로 엄청난 볼거리 시설이 60만 평의 면적에 분포되어 있어 꼼꼼히 구경하자면 하루에 다 둘러보기 어려울 것 같았고, 발품을 들여야 하는 관람객을 위한 쉼터와 경관을 이용한 휴식·편의 시설이 부족하지 않았나 하는 아쉬움이 우선 들었다. 하지만 미디어 아트 정원전시관이나 가든 스테이 등의 콘텐츠는 해외의 정원박람회에서 볼 수 없었던 창의적인 미래형 아이템으로, 그 품

질과 완성도는 차치하더라도 전체적인 전시 콘텐츠 구성은 넘치도록 다양했고 선도적이었다 평가할 만하다.

　이렇게 거창한 정원 전시 사업의 구성 요소를 살펴본 이유가 있다. 규모에 차이가 있더라도 '전시'라는 업業의 본질적인 구성 요소를 유사하게 갖추어야 사업적으로 성공하거나 개인정원이라도 지속 가능할 것이라는 판단이 서기 때문이다.

　다행히 '조구연의 정원'은 이들이 의도치 않았음에도 40여 년의 공력과 '덕후'의 진정성이 있어 비록 충분하지는 않지만, 지속 가능한 정원을 위한 구성 요소가 정원에 단단히 스며들어 있어 한결 마음을 가볍게 해 준다.

개인정원은 지속 가능할까

| 호수정원 | 순천 시내를 둘러싼 다섯 산봉오리를 언덕으로 형상화한 순천만정원의 대표적인 랜드마크다.

순천만정원 전경. 부지를 가로지르는 동천을 중심으로 동서로 나뉘어 있다.

2023년 제2회 국제정원박람회 개장과 함께 선보인 대형 전시 온실.

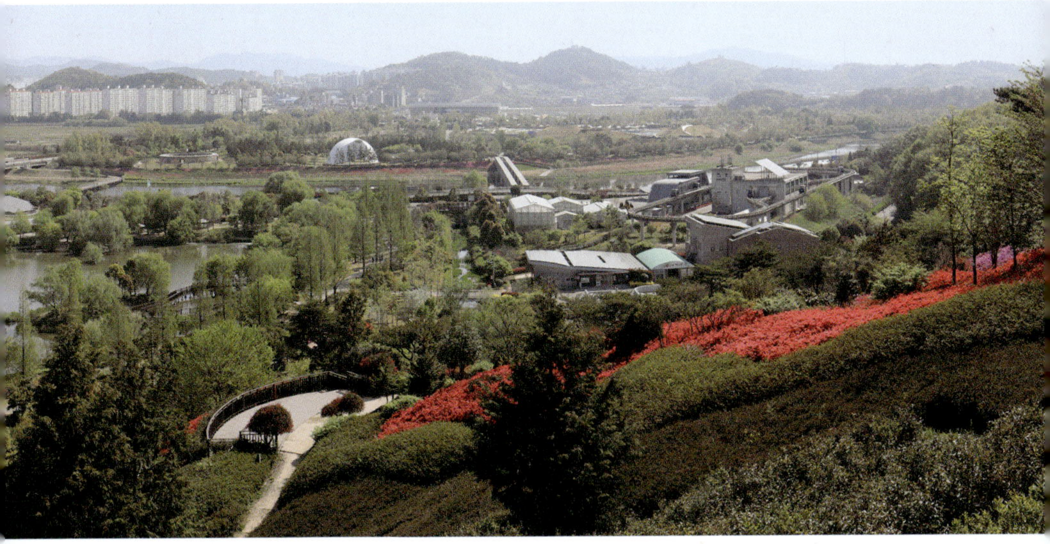

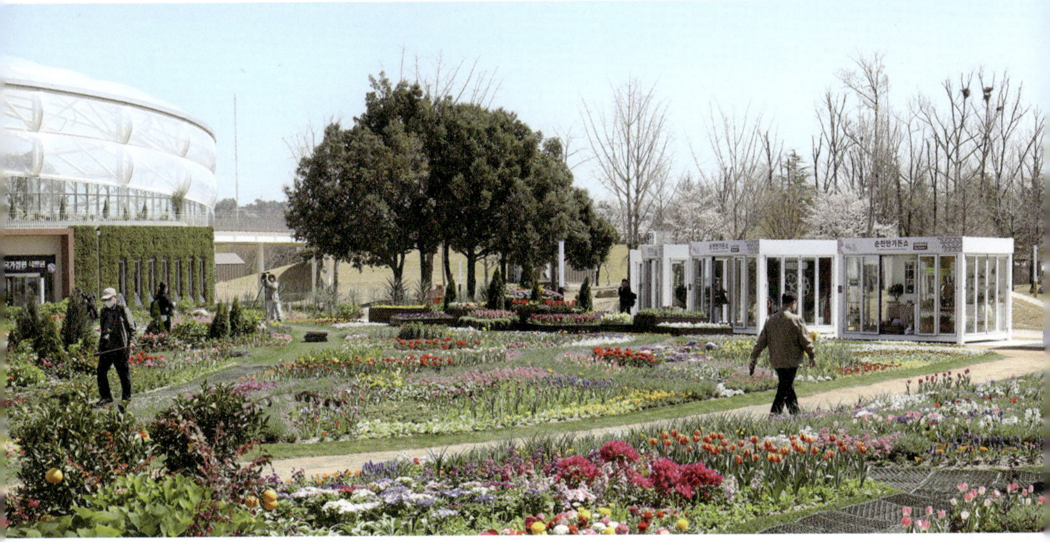
순천만가든쇼

박람회 기간 중에 선보이는 조경설계작가들의 전시 정원, 쇼가든이라고도 한다.

국제습지센터 앞의 습지호수 풍경. 2023년 행사를 끝으로 흙을 메워 대형화단으로 조성하여 지금은 남아 있지 않다.

비용과 관리의 어려움 때문에 수공간의 지속 가능성을 고민했다는 사실을 엿볼 수 있는 곳으로 이제는 추억의 풍경이 되었다.

조구연의 정원전 展

조구연의 정원전

정원 주인을 보면 정원이 보인다

지구상에 존재하는 꽃이 피는 종자식물은 종, 변종, 품종을 합쳐 25만 종쯤 된다고 한다. 이 수많은 재료 중에서 정원이라는 극히 제한된 면적에 자신의 기호와 성향에 따라 재료를 선택하고 구성·배치해 식물의 생육·성장 환경을 조성하며, 시공간적 이미지와 그 시퀀스sequence를 창출하는 것은 예술적 행위다. 그 결과물인 정원은 주인의 예술적 작품이 된다. 그래서 정원을 이해하고 감상하려면 정원 주인의 성정과 인생의 서사를 이해하는 과정이 반드시 필요하다.

  1940년 조구연, 충청남도 논산에서 태어나다.
  1967년 결혼해서 대전에 터를 잡다.
  1983년 화분 가게를 열다.

1984년　화분 가게를 정리하고 식물 키우기에 빠지다.
1993년　충남 공주에 240평 대지를 마련한 후, 주택과 비닐하우스를 짓다. 이후 땅을 추가로 확보해 야외 정원을 만들고 식물 키우기를 지속하다.
1999년　KBS대전총국에서 첫 야생화 전시회를 열다.
2020년　비닐하우스 1동을 철거하고 야외 정원을 넓히다.
2025년　지금까지도 정원을 계속 가꾸고 돌보다.

일생의 봄

조구연의 정원전

 지극히 평범했던 주부(당시 43세) 조구연은 어느 날 직장을 조기 퇴직해야겠다는 동갑내기 남편의 돌출 발언에 덜컹 내려앉는 가슴을 다스리며 노후 대비를 위한 생활 전선에 나서게 되었다. 대전 시내의 한 지하상가를 분양받아 화분 가게를 연 것이 그 시작이다. 이후 도매 물건을 사기 위해 서초동 꽃동네(현 검찰청사 지역)를 들락거리다가 화분보다 그 내용물인 '꽃'에 관심을 가지게 되었다. 이후 본업은 본체만체했고 당시 꽃 시장에서 유행하던 일본산 철쭉의 앙증맞고 화려하기까지 한, 다양한 개량 품종의 자태에 마음을 빼앗겼다. 물건을 떼러 가는 상경 길은 사실 꽃구경 길이 되어 버렸다.

 좋으면 가져야 하는 것이 인지상정 아니겠는가! 처음에 구경만 하던 조구연은 가져서 키워 보아야겠다는 욕망이 일었고,

하나둘 실행에 옮기기 시작했는데, 처음 구매한 품종의 이름이 '일생의 봄 —生の春'이었다. 여태껏 살아온 인생의 여정에서 전환의 순간이 많았겠지만, 돌이켜 보면 처음 소유하게 된 식물의 품종명은 뒤늦게 정원사의 길로 들어선 조구연의 여정을 생각하면 절묘하기도 하고 상징적이기도 하다. 이후 조구연은 장사가 체질에 맞지 않아 1년 만에 화분 가게를 정리하고, 엉뚱하게도 식물 키우기의 세계로 빠져들었다.

저마다의 타고난 소질을 계발하고

조구연의 정원전

평범함과 일반적인 수준을 넘어 욕심과 집착으로 디테일을 따지기 시작하면서 조구연은 '덕후마니아'의 세계로 입문하게 된다. 일본말 '오타쿠ォタク'에서 유래된 덕후는 보통 사람들에게 '미쳤다(쓸데없는 일에 시간과 돈과 정신을 낭비하는, 사회성이 떨어지고 외적으로 나약한)'라는, 다소 부정적인 소리를 듣곤 한다. 하지만 사실 특별한 취미와 기호를 지닌 애호가를 대상으로 하는 각종 사업은 극성맞은 덕후 덕분에 살아간다. 덕후는 그들의 생업을 사업의 수준으로 격상시켜 주는 고마운 존재인 것이다(현재 일본에서는 다소 부정적 표현인 오타쿠 대신 산업사회의 원동력이라는 격상된 뜻으로 '오시카쓰推し活'라는 표현을 사용한다). 뒤늦게 '꽃바람'이 난 조구연은 기본적인 식물 사랑에 타고난 손재주와 식물과의 합습, 욕심과 열정, 집착과 디테일이 보태져 덕후의 세계로 입문하게 되었다. 그

시작은 그들만의 리그(세상에는 일반인 시각으로 보았을 때 이상한 동아리가 많다)인 '한국철쭉연구회'라는 동아리였다. 그리하여 식물의 양생과 관리, 증식, 정보 교환은 물론 야생식물 수집 활동, 보여주고 자랑하는 전시 개최에 이르기까지 활동이 치열하게 확장된다.

슬기로운 덕후생활

덕후의 세계에 관해 좀 더 이야기해 보자. 현재(2024년) 일본의 덕후 인구는 약 2000만 명으로 추정되고, 관련 산업 규모는 약 6조 원으로 추산된다. 이쯤 되면 부정적 의미의 오타쿠에서 오시카쓰가 될 만하지 않은가(혹자는 이를 두고 드디어 오타쿠들이 시민권을 얻었다고 표현한다)? 1980년대 부정적으로 인식되던 일본의 오타쿠는 1990년대 들어 긍정적인 기류를 타며 인식 전환이 이루어졌고, 인터넷의 발전과 함께 덕후들의 커뮤니케이션과 네트워크의 폭발적인 팽창으로 산업적인 부가가치도 동반 상승해 오늘의 위상에 이르게 되었다. 이제 일본 기업들은 사원들에게 '덕후생활'을 장려하기도 하고, 국민에게 덕후가 되라며 유혹하기도 한다(유튜브에서 일본 도쿄가스 광고를 검색해 '한류 편'을 시청해 보기 바란다. 이 광고는 일본 최대 도시가스 업체인 도쿄가스가 '엄마의 아이돌

응원'이라는 제목으로 만든 영상으로, 한류에 빠진 엄마가 주인공이다). 오늘날 K-문화 '한류'의 성장 또한 이들의 직간접적인 지원과 팬덤으로 이루어졌으며, 현재 일본 만화 시장을 석권하고 있는 카카오 만화와 네이버 웹툰도 이들 덕분이니 실로 고마운 존재가 아닐 수 없다.

그렇지만 40대 초반에서 80대 초반까지 40여 년간 펼쳐진 조구연의 맹렬하고 치열한 덕후생활이 '슬기롭다'고 말하는 것은 결과론적인 이야기다. 당시의 국내 환경과 가정형편을 생각해 본다면 조구연은 성격상 아내로서, 어머니로서 해야 할 역할까지 최선을 다했겠지만 힘에 부쳤을 것이다. 덕후생활 초기 10년 동안 대전 단독주택에 살면서 수집하고 키운 식물을 유지하기에는 공간이 포화 상태였다. 그는 한계를 절감하고 현 공주시의 땅에 주택과 식물을 관리할 비닐하우스를 짓고, 귀촌해야 하는 번거로움을 마다하지 않았다. 남편과 자식들의 암묵적인 인정과 존중, 응원이 없었다면 '객단가'가 높은(소비 비용이 많이 들어가는) 덕후생활은 유지하기 어려웠을 것이다.

다행히 식물과 합이 잘 맞는 성정과 세심한 정성이 만들어낸 그녀의 철쭉 출품작 '와카에비스 若惠比須(에비스惠比須는 칠복신七福神의 하나로 상가商家의 수호신이다. 와카에비스는 '나의 수호신'이라는 의미)'가 2000년 한국철쭉연구회 전시회에서 건강한 생육 상태와 단아한 수형으로 애호가들의 시선을 한몸에 받으면서 구매 요청을 받기에 이르렀고, 이후 다양한 식물 증식본의 공급 판로를 확보하는 계기가 되었다. 덕후생활이 아니라 본격적인 식물 공급

와카에비스

전시 온실의 다양한 품종들

자로서 영업을 시작하게 된 것이다. 그녀는 단순한 식물 증식본 공급자가 아니라 국내 오지는 물론 중국, 티베트, 백두산, 일본 등지에서 구입한 다양한 야생화의 증식본을 공급했다. 그가 공급한 식물의 희소가치와 품질의 우수성 때문에 사업은 날로 번창했고, 추가로 땅을 임대해서 증식용 하우스를 짓고, 대전에 다시 판매점을 낼 정도로 성업했다.

하지만 조구연은 본격적인 원예 사업가의 길을 포기한다. 날로 각박해지는 사업의 욕심을 내려놓고, 피폐해지는 몸과 마음을 다스려 평안함을 얻고 진정한 애호가의 길을 택했다. 이 지점이 '슬기롭다'는 것이다. 욕심을 내려놓으면서 부부의 건강과 가족의 평안을 얻었고, 지금의 정원이 존재할 수 있었으며, 자식들에게 의지하지 않는 노년의 여유와 나눔이 가능해졌다.

동갑내기 전석준·조구연 부부의 소박한 정원에는 다양한 야생화와 원예종 식물들이 부부의 정성과 섬세한 손길을 거쳐 적절한 환경에서 사계절 자라고 있다. 접목 눈 또는 눈이 붙은 줄기(접수)를, 뿌리가 있는 줄기 또는 뿌리(대목)에 접착시켜 접붙이 묘를 생산하는 방법, 삽목 꺾꽂이라고도 하며, 식물의 잎이나 줄기를 잘라 식물체를 번식시키는 무성생식의 한 방법, 취목 휘묻이라고도 하며, 식물의 가지를 잘라 내지 않은 상태에서 뿌리를 내 번식시키는 방법, 실생 종자에서 발아한 어린 식물 등의 방법으로 다양한 증식본을 소량 생산하고 있으며, 이 식물들의 희소성과 품질의 우수성 덕분에 소소한 거래와 애호가들의 나눔이 함께 이루어지고 있다.

조구연의 정원 구성과 주요 식물 목록

식물 키우기

'조구연의 정원'은 야외 정원(250평)과 비닐하우스 2동(70평)으로 구성되어 있는데, 사실 현재의 야외 정원 규모로 자리 잡은 것은 오래되지 않았다. 취미의 시작이 화분에 담긴 철쭉(일생의 봄)이었고, 보관이 쉽지 않은 주택의 공간적 한계 때문에 처음에는 소형 화분 위주로 수집과 생육·관리를 했다. 그러다가 현 주거지인 공주로 이사한 후 15년 넘게 날씨와 온도의 영향에서 비교적 자유롭고 생육·관리가 쉬운 비닐하우스에서 덕후생활을 이어 갔다. 부지 면적의 절반 이상을 실내 정원(전시 온실) 형태를 유지하다가, 2020년에서야 하우스 한 동을 걷어 내고 현재와 같은 형태의 노지 정원을 조성했다.

    이러다 보니 야외 정원이 지금의 모습을 갖춘 것은 4년밖에 되지 않는다. 하지만 정원을 구성하고 있는 식물들은 사연과 이력이 예사롭지 않고, 덕후생활 40년의 희로애락과 추억의 무용담을 소환하는 오래된 수집품이어서, 그 정원은 작은 역사관이라 할 만하다. 앞서 언급했듯 정원은 주인의 작품이자 전시장이다. 정원의 규모와 이웃과의 경계를 고려할 때 덩치 큰 교목들이 많지 않고 화분 단위의 크기로 유지되고 있는 소장품이 많고도 다양하다는 점은 오히려 공간을 답답하게 느껴지지 않게 해서 적절해 보인다. 소장품이 작가의 성향을 잘 드러내고, 서사와 스토리를 담고 있을 때 공간의 변별력과 품격, 가치를 유지하며 지속될 것이다.

| 깽깽이풀 |

이름의 느낌과는 달리 봄에 피어나는 꽃과 잎의 색깔이 화려하고 세련되어서
사람들이 마구 캐어 갔기 때문에 한때 멸종위기종이었지만
최근 해제되었다. 지금은 증식이 많이 되어 시장에서 쉽게 구할 수 있다.

꽹깽이 풀.

이른봄. 날씨가 퍽 쌀쌀한데도 양지에는
깽깽이가 핀다.
어째서 깽깽이풀이라는 이름뿐가 붙었는지. 몰라도
곱고 아름다운 깽깽이 꽃은 그 어느꽃에도 뒤지지 않게
예쁘다. 잎보다도 꽃이 먼저나와 피기 때문에 오래
묵은 뿌리들은 꽃방석 같다
깽깽이풀을 처음 (전남 어느 지방 자생지인지는 기억이 나지
는 않지만) 세 뿌리를 구해 심었는데 해가 지날수록 포기가
늘어나서 화단이나, 밭에. 특히 돌틈 사이에는 많은 깽깽이
꽃들이 핀다 꽃이 지고서 2달쯤. 5월이면 씨가 여무는데
연두빛 씨방안에는 여러개의 하얀씨가 들어있는데 씨알갱이가
개미알처럼 생겼다
개미들이 자기네 새끼인줄알고서 물어다 숨긴다고 한다
개미가 물고 가는것은 직접 보지는 않았지만 화단 돌틈 사이에
깽깽이 꽃이 많이 핀다.
오래전에 백두산 갔을때 연변 어느야산에 깽깽이가
우리네 방석 만큼씩 큰 포기의 깽깽이풀이 지천으로 깔려
있었다 그 아름다움은 황홀했을 것이다.

| 동강할미꽃 |

조구연은 동강할미꽃이라는 이름을 공식적으로 등재한 이영노 박사에게 이 식물을 소개한 사람이다. 조구연의 정원에서 자란 동강할미꽃은 야생의 서식 조건과 잘 맞지 않아서인지 씨를 받을 수 없었다. 동강할미꽃은 3~4년의 주기로 수명을 다했으나, 그에게는 첫사랑 같은 꽃이었는지 어렵게 구입해서 정원에서 명맥을 이어 가고 있다.

동강 할미꽃

청주에 사는 갓순철씨네서 동강 할미꽃을 처음 만났다.
　세상에 이렇게 예쁜 할미꽃이! 더구나 우리나라 산야에서 자생한다니 좀처럼 믿어지지가 않았다.
　포트에 야무지게나 심어진 할미꽃을 하나 얻어 가지고 오면서 정말 기뻤다.
　이듬해 봄, 우리집 마당에서는 보라색 예쁜 할미꽃이 하늘을 향해 찬바람에 하늘거리면서 양지쪽에서 피고 있었다.
　나 혼자서 보기에는 너무도 아깝고 아쉬워서 식물학자이신 이영노 박사께 전화를 하여 할미꽃 자랑을 하였다.
박사님께서는 정말 우리것이 맞냐고 몇번을 되물으셨다.
　　얼마 후 박사님께서 오셔서 출처를 알려 달라고 하셨다.
이러한 연유로 이영노 박사님의 한국식물도감에는 「동강 할미꽃」 이라는 이름표가 붙여 실리게 되었다.

　동강 할미꽃 재배는 좀 어려운 편이다.
　그 때 가져온 한포기가 지금도 한포기다.
　돌과 돌 사이에서 어느해는 꽃이 피고 어느해는 꽃도 못피고 죽나 사나 생사를 헤메일때도 있다.
　꽃이 실하게 피어야 씨가 영그는데 씨를 받지 못했다.
20년이 다 되어 가는데도。　2018

분홍할미꽃(백두산분홍할미꽃)

백두산 분홍 장미꽃

봄이 오면 우리집 꽃밭에는 여러가지 장미꽃이 많이 핀다.
특히 노란색 장미꽃이 건강하고 씩씩하게 줏대가 있다.
다른 장미꽃과 교잡이 안되는것 같다.
백두산 분홍장미꽃은 민감하여 다른색깔과 심어놓으면 교잡이
되기 때문에, 고유의 분홍 장미꽃을 감상하려면 다른 장미꽃이
없는 깨끗한 흙에 심어야 한다.

진보라색 중국 장미꽃은 씨가 잘 영글지 안아서 번식이
잘 안되는 편이다.

| 털진달래(한라산 털진달래, 흰털진달래) |

붉은색과 흰색 두 가지 꽃색이 있다. 아무래도 파종 번식으로는
교잡의 확률이 높아 흰색이 귀하고 원종 대접을 받는다.

귀한대접 받는 흰색 한라산 철진달래

천리포 수목원 민병갈씨가 자기친구였엇다며 천리포 수목원을
나에게 소개해준 마산 김호권씨 (돌아가셨음)가 만병초를 사러간
내게 이거 귀한품종이라면서 권해주어 아주어린 삽목묘 흰색
철진달래 한포기를 다른 만병초들과 가저와 지금까지
기르고 있다.
처음은 소중한 품종인지도 모르고 결로든중에 꽃시장에 한라산
철진달래가 들어오기 시작하여 돌부침 작품이 유행하고 우리집
흰색 철진달래가 여러사람들이 기르고 싶어 하였다.
씨를 파종하여 처음은 90푸로정도 백색 꽃이 피드니 점점 그수가
줄어서 지금은 10프로도 백색이 안된다.
꽃피기전에 붉은꽃은 따버리고 흰색 나무꽃만 길러도
백색은 잘안나와 몇년전부러 포기 하였다.
일본 NHK 취미의원예 シヤクナゲ" 책을보면 한국 제주도 한라산
정상에 자생하고 귀중종이라고 적혀있다.

| 산파(백두산 파) |

산-파, 두메 산 파,

야생화, 회원들과 백두산에 다녀오면서 연변에
농업 대학인가 하는데를 들렸는데 박무순 교수라는분이
두만강에 다녀오면서 강언덕에서 채취했다며 우리일행
몇사람에게 서너 뿌리씩 나누어 주엇는데, 가저와
　다듬이 이듬해 꽃이 피었는데 꽃색 갈이 아주연한 보라 였었는데
우리집 화단에서 오랜 세월동안 살면서 하얀색, 중간보라,
진보라 색으로 포기 마다 제 각 각 많은꽃이 계절 찾아
피고있다

그리고 산파 묘 언어오던 그날 그학교 들어가는 길가에
진달래 나무들이 알증맞게 많이 심어져 있었다
　박교수님에게 나무이름이 무엇인가 했드니 진달 꽃이라
했다 반가워서 씨를 찾아보니 녹두알 만한씨 두개를
　찾았다
집에와서 10월 줄에 파종 하였는데 그 이듬해에
아주실한 진달래 묘가 자라기 시작 하였다
지금도 우리 화단에는 재일먼저 봄을알리려 피였다가
하얀 눈을 뒤집어쓰기 도한다

| 참꽃나무(제주 참꽃)

제주 참꽃

 육지에서 왠만한 정원에서는 제주 참꽃을 구경하기가 어렵다.

 내가 일본교배종 철쭉에 반하여 정신없이 철쭉 품종을 모을때 제주 관광갔다가 목석원에서 잘키워 심은 제주 참꽃을 보게 되었다.

 육지에 있는 토종 진달래와 철쭉하고는 색다른 감이 있어 보기에 좋았다.

 그때는 감히 그꽃을 나도 길러보겠다는 생각을 하지도 못했다.

 그런데 대전 유성 선병원 현관 입구에 그예쁜 참꽃이 피어 있는게 보였다. 그해와 그다음해 까지 그순을 몇개 가져다 삽목 하였으나 실패 하였고 그 가을에 다시 가서 씨를 받아다가 파종하여 한택 식물원과 파주 편강식물원에 한상자씩 선물하였다.

 그 다음해에 선병원에 씨를 구하러 갔는데 병원신축으로 인하여 참꽃나무는 사라졌다.

 관계자를 찾아봤지만 알수가 없었다. 그 참꽃이 어디로 갔는지?

 지난해 (2017년) 아는분과 제주도 수국전시회보러 갔다가 서귀포 귤림성에서 숙박을 하였는데 숙소 변창문밖에 커다란 참꽃나무가 심은지 얼마 안돼 보였다.

 이정도의 나무면 값이 얼마나 갈까 하여 그곳 사장님께 물었더니 천오백만원에, 그것도 사정사정하여 모셨단다. 우리는 그 나무 아래에서 기념 촬영을 하였다.

| 창산 만병초(비정명) |

조구연이 소장하고 있는 만병초 중 유일하게 노지에서
건강한 상태를 유지하고 있으며, 추위에도 강하고 상록성이다.
파종과 삽목은 쉽지 않았고, 취목으로 어렵게 번식에 성공했다고 한다.

조구연의 정원전

중국 창산 만병초

아주 오래전에 야생화 회원들과 중국 대리에 있는 창산에 갔었는데 지금도 그날을 생각하면 힘들고 겁에질려 산길을 뛰어 내려오면서 무서웠던 기억이 되살아난다.

우리일행은 아침일찍 호텔을 나와 창산에 도착하여 케불카를 타고 산에 올랐다. 길이 수평으로 잘 닦아져 힘들이지 않고 걸으면서 수없이 많은 만병초들이 자생하는것을 구경하며 즐거웠다.

꽃을 기르는 사람에게는 그꽃의 자생지를 볼수있다 는게 굉장히 중요하고 즐거운 일이다.

그러다 보니 내려와야하는 곳을 지나쳐서 한없이 걸어도 걸어도 내려오는곳을 못찾고 날은 어두어지고 이슬비는 축축이 내리고 그높은 산위에서 대리시내 불빛이 멀리 보였다.

그때 누구가 절이 보인다고 환호성을 울렸다.

그 중에서 절에 다니는 사람은 관세음 보살을 계속 하였다.

이구 동성으로 오늘밤은 절에서 자고가자.

하루종일 걸었으니 모두들 녹초가 되어 있었다.

모두들 절앞으로가 스님을 찾으니 절에서 나온 스님이라는 분, 장척의 키에 얼굴은 번들번들, 영화에 나오는 산적 같았다 절에서는 못잔다면서 대리로 가는 길을 안내해 줄테니 우리나라돈 오십만원을 내라고,

모두 겁에질려 있는데 누군가가 뛰자, 그소리따 나면서 뛰기시작 하였다 대리시내 불빛을 바라보며,

산아래로 얼마를 뛰어 내려와, 뒤에서 우리를 잡으러 뒤 따라오지 않는걸 확인하고 모두들 기진맥진 땅바닥에 주저앉아 있었다, 다행이 내려오는 길을 찾았고 대기 시켜놓은차에 전화하여 두사람이 먼저 내려가 차를 데리고 왔다

우리 일행은 그날밤 늦게 숙소에 도착하였다
그날이바로 미국 9.11 테러가 났든날로 기억된다

그때 대리시내 길가에서 파는 꽃나무 몇가지를
샀는데 만병초 하나는 정원수로 우리집에서 잘적응하고
꽃도 화려하지 않고 우아하게 잘핀다
  그리고 내가 만병초 기른것중에 꽃과 잎이 아주적은 품종이
발견되여 지금까지 기르고 있다
가끔 씨파종을 해보지만 발아는 잘 돼도 살아남는게 드물다

 황산에서의 그날 얼마나 힘이 들었든지 집에와서 얼마간은
그 후유증에 시달렸다
머리가 빠지고 발톱이 망가저 고생하였다
  일행중 몇몇은 일간지와 월간지에 경험담을
내기도 하였다

개인정원의 수준을 뛰어넘는
조구연의 식물 컬렉션

대한민국 사립 수목원 1호인 천리포수목원(1970년 조성 시작)은 30년이 지난 2000년에 국제수목학회로부터 세계 열두 번째이자 아시아 최초로 'Arboretum Distinguished for Merit by International Dendrology'라는 칭호를 받으며 세계적인 수준의 수목원임을 증명했다. 설립자 고 민병갈 선생은 천리포수목원을 '세상에서 가장 아름다운 수목원'이라 칭하며 이 칭호에 자긍심을 가졌고, 계속 그렇게 불러 주기를 원했지만 사실 원어를 직역하면 '국제수목학회가 인증하는 특장점을 지닌 수목원'이다. 천리포수목원은 지금도 목련속, 호랑가시나무속, 무궁화속, 동백나무속, 단풍나무속 등 다섯 속만큼은 세계적인 수준의 분류군을 보유하고 있다. 대규모 면적의 수목원이나 식물원도 수많은 식물을 고루 보유하기는 어렵고, 지리적 환경과 서식 조건, 유지·관리 능력을 고려해 전략적인 특장점을 갖추어 위상을 차별화하고자 한다. '선택과 집중'으로 소비자에게 가치를 인정받아야 하는 것이다.

'조구연의 정원'은 개인정원이라는 공간적 한계에도 비록 화분 단위의 크기지만, 맹렬하고 치열한 40년 덕후생활의 증표로 진달래속 *Rhododendron*, 수국속 *Hydrangea*, 동백나무속 *Camellia*에 있어서는 다양성과 깊이가 개인정원의 수준을 뛰어넘는 경이로운 위치에 올랐음을 보여 준다.

만병초

1

모든 병에 이롭다 하여 만병초라는 이름이 되었다고 한다. 추위에 잘 견디고
겨울의 숲그늘에서 잘 자란다는 만병초의 서식 환경 정보는 딱 거기까지다.
인간의 정원에서 숲의 습도와 온도, 일조량을 어찌 맞추겠는가? 여전히
시행착오를 거듭하며 만병초를 키우고 있는 조구연은 국내의 몇 안 되는
만병초 생육 전문가다. 사진은 조구연이 소형 원종과 대형 원종을 수정
교배하여 씨를 받아 길러 낸 원예종으로 '구연화'라는 이름을 붙였다.
공식적으로 등재된 품종은 아니지만 큰 애정과 자부심을 가지고 있다.

1   구연화
2   운금만병초(중국 원종)
3   구연화의 꽃망울
4   자보
5   퍼플 스플렌더

태양

잎무늬 만병초(품종 미상)

| 조구연의 정원에 있는 다양한 만병초 품종들 |

조구연의 정원전

수국

어느 날 갑자기 국내 정원에 수국 바람이 불었다. 유행을 앞서 수국을 수집하고 증식하던 조구연의 품질 좋은 수국들은 소매 화원에서 반색을 하며 구입해 갔다. 하지만 어떤 식물이 대중적으로 인기를 얻고 흔해지면 주인의 관심은 시들해지기 마련이다. 그에게 수국이 딱 그렇다.

1 울릉바위수국
2 나무수국 '다루마'(일본)
3 산수국(제주 자생, 원종)
4 삼화천조(미카의물떼새)
5 산수국(제주 자생, 원종)

조구연의 정원전

4
5

| 조구연의 정원에 있는 다양한 수국 품종들 |

동백나무

한국과 일본에서는 동백나무라 부르지만 중국과 동남아에서는 차나무라 부른다. 차 재료의 대부분인 잎과 꽃이 여기서 나오기 때문이다. 중국이나 대만의 유명 차 이름들은 동백나무의 다른 이름들이다. 발효의 숙성도에 따라 백차, 청차, 녹차, 황차, 홍차, 흑차, 이렇게 6단계로 나누며 흑차로 유명한 보이차도 재료가 동백나무다. 따라서 조구연이 소장하고 있는 동백나무들의 잎과 꽃을 가공할 수 있다면 족히 100종이 넘는 고급 차를 만들 수 있지 않을까? 그러나 서식 환경의 고유한 풍토를 고려한다면 온실에서 자란 동백나무로 차를 우려낸다는 것은 인간의 욕심일 뿐이다. 그래서인지 주인은 이 분야에 별 관심이 없다.

| 베트남 북부에서 자생하는 리예홍산차 |

1 유차
2 장병산차
3 국화차
4 보이차
5 요맥금화차
6 단예홍산차
7 대만연예차
8 장모홍산차
9 해남톱날
10 무안중2
11 은엽동백
12 호남산차

| 조구연의 정원에 있는 다양한 동백나무 품종들 |

진달래

철쭉(연달래)

털진달래

조구연을 식물의 세계로 인도한 첫사랑이 일본산 개량 철쭉이었다. 그 사랑이 이어져 일본을
자주 방문했던 그는 분재와 증식 기술을 익혀 개량 품종들을 국내 시장에 보급한 1세대 마니아다.
사랑은 움직이는 것이라 했던가? 시장에서 철쭉의 유행이 시들해지자 조구연은 야생화로
관심을 옮겨 국내산 야생 진달래들을 수집하기 시작했다. 그는 아직도 '고려 영산홍' 진품을
찾기 위해 애쓰고 있다.

꼬리진달래

꼬리진달래의 씨

철쭉

단풍철쭉(방울철쭉)

| 조구연의 정원에 있는 다양한 철쭉 품종들 |

영산홍 '베니'

열두 달 사계절 풍경이 있어야 정원이 완성된다

사계절이 뚜렷한 온대기후 지역(기후변화로 아열대가 되어 간다지만 우리의 겨울은 여전히 혹독하다)에서는 장일식물長日植物, 봄이나 여름, 낮이 길어지는 시기에 꽃이 피거나 개화가 촉진되는 식물의 꽃과 신록이 풍성해지는 봄, 그리고 단일식물短日植物, 밤의 길이가 일정 시간 이상 길어지면 개화하는 식물의 꽃과 단풍이 아름다운 가을은 정원에 볼거리를 만들어 내는 주인도, 그것을 구경하는 객들도 비교적 편안하고 행복한 계절이다. 그러나 지루한 장마와 고온 다습한 기후가 이어지는 여름은 물 관리도, 풀 관리도, 토양 관리도 곤혹스러운 고난의 계절이다. 특히 겨울은 꽃도 잎도 없어 심심하기도 하지만, 정원을 이용해 수익 사업을 하는 이들에게는 어김없이 먹고사는 일의 발굴을 고민하게 하는, 궁핍하고 수익성에 취약한 계절이다.

개인정원은 겨울이 고단한 일상을 내려놓고 정원사도 쉬

고 식물들도 쉬어 가는 계절이라며 위안할 수 있지만, 사업장은 그럴 여유가 없다. 비와 바람, 태풍과 눈, 더위와 추위 등의 기상 변수에 휘둘리지 않고 수익성을 유지하기 위해 가능하면 실내 전시를 위한 전시 온실그린하우스을 확보하려 한다. 하지만 에너지 비용이 비싼 대한민국의 현실을 생각하면 사업장이나 개인정원이 전시 온실을 운영하고 유지하는 일은 결코 쉽지 않다. 그럼에도 명제는 분명하다. 정원이 완성되려면 나름의 여름정원과 겨울정원이 포함된 사계절 풍경이 있어야 한다.

동백나무의 꿈

조구연의 정원에서 12월, 1월, 2월은 일반적인 정원의 적요함과 달리 꽃봉오리에서 부터 피고 지는 화려한 동백꽃이 주는 활력으로 겨울정원의 화양연화를 선사한다. 개화를 기다리는 동백나무의 꽃봉오리는 화색을 살짝 띠지만 단순한 형태다. 그러니 그 속에서 열리는 화려한 색상과 형태의 변신은 오묘하다. 특히 원종보다 품종이 더 그렇다. 동백나무의 꽃봉오리에서 창연한 꿈이 보인다.

1

조구연의 정원전

1 향이 짙은 대만연예차
2 공작옥포
3 요맥금화차
4 연극방금화차
5 리예홍산차
6 골든 스파클
7 사쓰마

동백아가씨

《구운몽》과 《사씨남정기》 등 최초의 한글 소설을 남긴 서포 김만중의 유배지로 알려진 남해군의 작은 섬 노도에서 수령 600년이 넘는 야생의 동백나무를 본 적이 있다. 바다의 소금기와 거친 비바람 때문에 한없이 더디게 자라는 노구의 동백나무에서 인내와 강인함으로 세상을 버텨 온 억척스러운 여인의 풍모가 보인다면, 온실 속에서 자란 동백나무는 세상 물정 모르는 철부지 아가씨의 아름다움이 보인다. 순수하고, 단순하고, 새침하고 때로는 차고 넘치게 화려하기도 하다.

1 테일러스 퍼펙션
2 요맥금화차
3 홍로진
4 흑민괴
5 블랙 오팔
6 소도홍

봄
볕

맑은 봄날 실눈을 뜨고 지그시 정원을 보면 아지랑이가 지면을 오르는 모습을 볼 수 있다. 봄햇살은 열기와 에너지로 가득하나 변덕스러운 날씨 탓에 지속적으로 그 모습을 보여 주지는 않는다. 땅과 공중에서 날벌레들을 아직 보기 힘든 4월과 5월의 중순까지 조구연의 정원은 생명의 싱그러움으로 충만하다.

1 2

1 겹꽃 벚나무(대만)
2 운용벚나무(비정명)
3 은잔고광나무 '벨 에투아르'(무궁화고광나무)
4 가침박달
5 칼미아

신록

겨울 추위를 견디고 새로 움트는 여린 초록을 누군들 마다할까? 시각적으로 신선하고 미각적으로 달고 맛있다. 그래서 사람도 좋아하고 정원의 작은 벌레들도 좋아한다.

신록의 속도와 단풍의 속도는 같다. 아차하면 금새 지나가 버리는 짧은 시간이지만 정원사들은 새봄의 연둣빛을 건강한 초록으로 유지시키려면 마냥 감성에 취하지 않고 이성적인 대응이 필요하다. 야생의 자연과는 달리 정원에서는 본격적인 방제작업을 해야 하는 시점이다.

1   무늬층층나무
2   잎무늬 탱자나무
3   떡갈잎수국
4   큰오이풀(백두산오이풀)
5   울릉바위수국
6   백합과 비비추
7   나무수국 '다루마'

| 모
| 란

앞서 모란의 개화 기간이 짧아 안타깝다는 이야기를 했지만, 풍성하고 화려한 봄날의 모란꽃을 좋아한다면 안타까움을 해소하는 방법이 있기는 하다. 개화 기간이 조금씩 다른 다양한 품종을 정원에 심고 즐기는 것이다. 옛날 사람이라 모란과 작약을 좋아하는 것이 아니라, 나이가 들면 강렬하고 자극적인 색상의 선호하는 것이 자연스러운 연륜의 과정이다.

| 조구연의 정원에 있는 다양한 모란과 작약 품종들 |

봄
등

이웃 나라 일본에는 아시카가 플라워 파크足利フラワーパーク라는, 등(등나무)으로 유명한 관광 명소가 있다. 등을 좋아하는 일본인만큼 영국인도 등을 좋아해서 주택 전면에 걸어 키우기도 한다. 덩굴이 감아 올라가는 모습이 주는 시각적인 감성과 전통 가옥 구조와 맞지 않는 물성 때문인지 우리나라 사람들은 별로 좋아하지 않지만, 조구연의 정원에는 대문 위에도, 아랫마당과 윗마당의 경계에도 등이 있고, 분재 독립수의 형태로도 있다. 등꽃이 화사하게 피어나는 봄이면 보는 이들의 감탄을 자아내며 고혹적인 향기를 풍긴다. 등은 주인의 손재주가 없으면 잘 키우기 어렵다. 등을 지지하기 위한 아치 구조물은 시장에 마땅한 제품이 없어 튼튼한 철제 구조물을 손수 제작해야만 한다.

1 등(원예종, 네덜란드).
   유난히 향기가 진해 꽃이 피면
   온 정원이 기분 좋은 향으로 가득해진다.
2 등(원예종, 일본)
3 등(원예종, 미국)
4 등(원예종, 일본)

여름 접시꽃

한 시인이 '접시꽃 당신'이라 노래한 이 식물도 달라진 기후로 고생이 많다. 일조량이 많고 습도가 낮은 기후에서 자태를 뽐내던 여러해살이풀이라 유럽인들이 워낙 좋아하고 품종 개량도 활발해 국내에도 30가지 이상의 다양한 품종이 있다. 곱게 화장한 여인의 풍모를 떠올리게 하지만 유난히 고온다습한 여름이 길어지는 국내 기후의 영향으로 잎이 병충해를 많이 입는다. 파종 후 2년차에 꽃을 피우는데, 씨를 받아 여름에 바로 심으면 가을에 꽃 없이 싹을 한 번 틔우고 이듬해에 꽃을 볼 수 있다.

| 조구연의 정원에 있는 다양한 접시꽃 품종들 |

무늬

다양한 색상은 정원을 변화무쌍하게 해 주며 재미를 주기도 하지만, 식물 개체별 고유한 무늬는 보는 이들에게 단순한 선의 단화가 아니라 세밀화 같은 디테일한 감성을 제공하여 작은 규모의 정원에서도 외형적 입체감과 공간적 깊이를 보여 주며 한층 그 격을 높인다. 그래서 시장가치가 높고 인기가 좋은 무늬관엽식물들은 한때 MZ세대 식물 애호가들 사이에서 이해할 수 없는 가격 광풍을 일으키기도 했다. 하긴 역사적으로 17세기에 튤립 광풍이 불때도 원인은 바이러스 감염이 만들어 낸 자연의 무늬였다.

1 소륜(꽃 지름이 9센티미터 이하) 국화
2 겹꽃 벚나무 종류(대만)
3 피뿌리풀. 멸종위기야생식물2급으로 지정된 제주 자생 식물이다.

조구연의 정원전

2

3

질감

정원이 다양한 모습을 보여 주려면 질감이 만들어 내는 시각적인 이미지가 필요하고, 이를 제공하는 것은 활엽수도 있지만 대부분 침엽수다. 하지만 침엽수의 생육 적지는 고산지대이거나 평균 기온이 낮은 추운 곳인 경우가 많다. 인간의 욕심 때문에 하산한 자작나무가 맞지 않은 생육 환경 때문에 병충해와 불균형 성장으로 고생하듯이 기후변화가 찾아온 도시의 정원에서 살아가는 침엽수들의 생존 지속 가능성에는 물음표가 있다.

1 설악산 분비나무. 기후변화로 산림청에서 서식지 보전을 위한 연구를 진행하고 있다.
2 편백 종류(황금편백)
3 바위솔 종류
4 자주꿩의비름
5 바위솔 종류
6 삼나무 종류(스프링 삼나무)
7 둥근잎꿩의비름

열매

정원에서 열매는 일상의 먹을거리이기도 하지만 가을과 겨울, 정원에서 꽃을 대신하는 정원의 액센트이기도 하다. 하지만 정원에서 모든 열매를 다 볼 수는 없다. 정원식물들의 영양생장을 도모할 것인가? 번식과 증식을 위한 생식생장을 목표로 할 것인가? 정원사의 데드헤딩 선택에 따라 열매의 존재 여부가 결정난다. 이 정원의 주인은 작고 앙증맞으며 붉은색이 곱게 물드는 과실수를 유난히 좋아하는 듯하다.

1

1 피마자 '카르멘시티'(붉은아주까리)
2 살구나무
3 보리장나무
4 뿔남천 종류
5 피라칸타 종류
6 윤노리나무
7 고도네아스타(섬개야광나무 개량종)
8 감나무(보은)
9 애기사과 '장수홍'
10 대추나무

| 가을빛 | 봄의 빛과 가을의 빛은 어떻게 다른가? 같은 일조시간일지라도 봄은 대지의 열기와 길어지는 낮시간 때문에 증기가 가득하고 변덕스럽지만, 수증기가 증발된 가을빛은 맑고 깊고 지속적이다. 다만 낮시간이 점점 짧아져 겨울의 문턱에서 마음이 조급해지고 울적해지기도 한다. 계절의 끝을 향해 가고 있지만, 정원사는 낙엽을 치우고 정원을 정리하며 겨울 채비를 하느라 바쁘다. 안타깝게도 나이가 들면 이 정리하는 일이 힘들어 정원의 풍경은 황폐해진다. |

머리말

단풍을 보기 위해 단풍나무를 심는다면 하수다. 활엽수 대부분의 잎에는 단풍이 든다. 생육 상태가 좋다면 더욱 아름답게 가을을 마감한다. 그러나 여름이 길어지는 기후변화와 그에 따른 병충해로 건강하게 단풍이 들어 가는 가을 풍경을 보기가 어려워지고 있다.

1 잎무늬 미국 꽃산딸나무 종류
2 황철쭉
3 떡갈잎수국
4 떡갈잎수국
5 수국
6 단풍철쭉(방울철쭉)
7 떡갈잎수국

조 구 연 의 　 정 원 전

된서리

1   등
2   수국
3   루드베키아
4   떡갈잎수국
5   알타리무
6   배추
7   무

서리는 봄과 가을에 가드닝과 농사에 영향을 많이 주는 기상 현상이다. 공기 중에 있던 수분이 일교차가 심한 새벽에 이슬 대신 얼음의 형태로 바뀌어 그 정도에 따라 무서리와 된서리로 나타난다. 이 자연 현상은 농작물과 정원식물에 병도 주고 약도 준다. 그래서 정원사와 농부는 이 시기를 대비해 예방 조치도 하고, 반대로 서리를 기다리기도 한다. 감, 사과 등의 과일과 무나 배추는 서리를 정도껏 맞히는 것이 육질과 당도에 도움이 되지만, 정원식물의 덜 여문 꽃눈이나 종자의 경우는 서리를 맞고 한 방에 가기도 한다. 늦가을 새벽 정원에 내려앉은 된서리는 찰나의 심미적 감성을 경험하게도 하지만, 수확과 겨울을 알리는 경고 신호이기도 하다.

조구연의 정원전

다시 온실	조구연의 전시 온실은 정원사의 사랑이 담긴 만병초와 수십 종의 동백나무, 수십년을 키워 온 철쭉 분재, 이국의 산과 들에서 수집해 온 야생 난과 풀, 각종 증식본으로 가득하다. 분명 정원사의 긴 겨울 무료함을 달래 주고 위로와 기쁨을 주는 시설이지만, 시설의 유지·관리가 만치치 않다. 자연의 서식 조건을 대신한 인공시설의 운영은 웬만한 열의와 정성이 없으면 불가능하다. 당장 에너지 비용부터 걱정해야 하는 전문가의 영역이다. 그러나 시간이 길어질수록 있어야 할 곳에 있지 않은 생명의 줄어드는 싱그러움을 노년의 정원사는 알고 있는 듯하다.

조구연이 소장하고 있는 동백나무 중 그가 가장 좋아하는 베트남 동백나무 원종 리예홍산차.

가든러블리

정원의 주인은 1년 열두달 사랑에 빠져 있다. 서로 교감하고 있다지만 짝사랑에 틀림없다.
사랑하는 이를 더욱 사랑스럽게 만들려면 땅의 영양 상태 파악과 관수·시비 활동,
비·바람·온도·습도 등의 기후 관리와 살충·살균을 위한 방제 활동이 필수적으로 동반되어야 한다.
정원은 가꾸는 이의 진심과 감성은 기본이고, 과학이 뒷받침되어야 하는 감성과 이성의 교차
현장이다.

1 박태기 종류(네덜란드)
2 붉은 꽃을 피우는 귀룽나무(품종)
3 리예홍산차

조구연의 정원전

2

3

1 수양감 (가지가 늘어지는 감나무)의 수꽃
2 금꿩의다리
3 요맥금화차
4 겹꽃 벚나무(대만)
5 백합 종류

정원의 순간

당신이 서 있는 정원의 지금을 즐길 수 있어야 한다. 남아 있는 정원의 이미지는 기억이자 추억의 대상일 뿐이다. 식물은 성쇠를 거듭하며 변화하고, 인간의 사랑 역시 변덕스러우며, 자연과 기후는 원하는 대로 움직여 주지 않는다. 과거의 모습을 고집할 필요도 없고, 미래의 불안을 미리 걱정할 필요도 없다. 자랑과 과시를 위한 집착과 욕망을 버릴 때 정원은 비로소 자유로워지고 진정한 위로와 사랑이 충만한 공간으로 거듭날 것이다.

135

생명의 재탄생과 희열

예부터 "산 아랫마을에 흉년이 들면 산 위의 도토리나무가 인간들을 먹여 살린다"라는 이야기가 전해 온다. 도토리나무, 꿀밤나무, 참나무라는 이름은 정명은 아니지만, 민간에서는 우리나라 숲에서 흔히 볼 수 있는 상수리나무, 신갈나무, 떡갈나무, 굴참나무, 졸참나무, 갈참나무 등의 참나무속 식물을 편하게 이렇게 부른다. 참나무에서 떨어지는 수많은 도토리 열매는 오랫동안 전해 내려오던 구황救荒 음식이었고, 나무는 목질이 조밀하고 단단해 주택의 구조재와 생활 가구재 등으로 널리 이용되었으며, 화력이 소나무의 세 배나 될 만큼 강력해 서민들에게 땔감으로 사랑받았다. 건강과 음식, 소독과 방제용으로 널리 쓰이는 숯의 주재료이기도 하니, '진짜 나무'라는 뜻의 '참나무'는 참 적절한 이름이다.

참나무에 대한 평가는 서양에서도 다르지 않아서 중세 유럽의 켈트족은 신성하게 여기기까지 했고, 오늘날까지 참나무와 참나무숲을 향한 사랑은 대대로 일상에서도 이어지고 있다(서양 크리스마스 장식으로 유명한 미슬토mistletoe가 참나무에 기생하는 참나무겨우살이다). 이렇듯 무엇 하나 버릴 것 없이 유용한 참나무가 마구잡이로 벌목되었다면 현대에 이르기까지 살아남을 수 없었겠지만, 참나무류의 서식지 선택과 지속 가능한 생존을 위한 번식력(동식물을 인간과 동등한 독립 개체로 판단해 보면)은 실로 대단하다. 일단 이들의 최고 서식지는 생태적으로 완성된 숲이라는 '극상림極上林'이고 그 밑의 토양은 씨가 발아할 확률이 가장 높은 부엽토다. 참나무는 오랜 시간 잘 부숙되어 거름기도 많고 적당한 습도를 유지하는 땅에, 수많은 열매를 투하해 자연 발아율을 높이며, 때로는 번식을 위해 다람쥐를 이용하기도 하고(먹이를 남겨 땅에 숨기고 잊어버리는 습성을 이용한다), 인간을 이용하기도 한다(식재료, 생활재, 에너지원의 선순환을 위한 벌채 제한과 숲의 유지, 인공 번식).

우연히 남도 정원을 구경하러 가는 길에 도토리가 사람들을 구했다는 구전 이야기가 딱 들어맞는 산을 오른 적이 있다. 전남 순천에 자리한 조계산이다. 산의 생태적 구성을 몰라도 인간들이 자리한 흔적을 보면 '명산'임에 틀림없었다. 산 동쪽에는 한국 불교 태고총림의 본산 선암사가 있고, 서쪽에는 조계종의 승보대찰 송광사를 안고 있으니, 불법도량의 최적 입지 조건을 동서로 갖춘 산이 어찌 명산이 아닐까? 이 두 대찰을 동서로 연결하는 산길이 아래위 둘 있는데, 이 산길에 사람들이 쉬어 가는

| 선암사 입구의 굴참나무 |

큰 굴목이재와 작은 굴목이재가 있다. 인터넷 검색을 아무리 해 보아도 이름의 유래나 뜻을 알 수 없었지만, 날숨과 들숨, 땀으로 범벅이 된 나는 산을 오르며 편백 숲도 만나고 서어나무와 단풍나무 군락이 무성한 극상림의 생태를 보았다. 다양한 나무가 있었지만 이곳에서 가장 흔한 수종은 참나무였고, 그중 가장 눈에 띈 것은 수피가 육감적이고 윤곽이 뚜렷한 굴참나무였다. 굴목이재는 굴참나무 고개라는 뜻이다. 조계산은 인간에게 정말 이로운 참나무와 불법도량의 정기가 가득한 명산임에 틀림없다.

다시 참나무의 번식력 이야기로 돌아가 보자. 번식을 위해 인간을 이용하는 방법 중 인공 번식은 필요한 동식물 주요 자원을 확보하고 유지해야 하는 인간에게나 종種의 번식과 영역 확대를 본능적으로 원하는 동식물에게나 진화의 필수 기술이자 식량 증산과 인류의 기아 문제를 해결한 혁신 기술이기도 하다. 현대 농수축산업과 바이오·의료 산업에서도 이 기술은 산업의 성패를 좌우할 핵심 기술이며 자동화와 대량 증식의 최첨단 기술이다. 정원을 꾸려 나가는 정원사에게도 이 기술은 생명 연장과 유전자 계승을 통한 종의 보전과 유지, 정신적 충만과 희열을 얻을 수 있는 기초적 기술이자, 수익을 발생시키고 최소한의 비용으로 정원을 풍성하게 유지할 수 있는 필수적인 기술이다.

    번식의 기술과 과정을 소개하려는 것은 이미 오래되었고 새로운 기술도 아닌 것을 새삼스럽게 다시 알리기 위해서가 아니다. 똑같은 요리 레시피를 배웠다 해서 모두 훌륭한 요리를 만들지는 못한다. 지구상에는 수많은 식물이 존재하고 저마다의 생리적 특성과 서식 환경에 교합되는 번식 결과와 경우의 수가 셀 수 없이 많기 때문에 인간이 개발한 번식의 기술이지만 보이지 않는 미묘한 디테일의 차이도 중요하다.

   조구연의 정원에서 이루어지는 증식 방법은 대규모 증식으로 수익을 높이려는 사업자보다 훨씬 효율이 떨어질 수도 있다. 조구연의 정원이 지향하는 것은 수익성과 효율보다 생명의 재탄생을 위한 최상의 조건을 만들고, 종을 보전하기 위해 최선을 다하는 것이다. 그렇기 때문에 이를 위해 시간과 비용, 노동과 마음까지 아끼지 않는다. 개인정원에서 이루어질 수 있는 품종 개량을 위한 시도와 종의 보전과 유지가 목적이라면 이 정도로 충분하지 않을까?

증식 작업

식물 번식 기술은 오래전부터 진화해 왔다. 우리 곁의 정원에서 쉽게 발견되는 식물은 비교적 번식이 쉽고 인공적인 환경에 적응도 빠른 식물이라는 의미다. 그래서 자료와 기록도 많다. 하지만 여전히 정원식물은 극히 제한적이고 자연의 대부분은 그 번식의 비밀을 쉽게 드러내지 않는다. 교과서적인 답도 없다. 기꺼이 시간을 투자하며 시행착오를 겪은 후에 목적에 부합하는 번식 기술을 습득할 수 있을 뿐이다. 씨를 받아 뿌리는 것(실생, 파종)은 손쉬워 보이지만 인간의 자식들이 부모를 온전히 닮지 않듯 식물도 마찬가지다. 교잡종이 나올 확률이 높고, 장미나 감나무같이 생존력이 약한 나무들은 야생 찔레꽃이나 고욤나무로 뿌리 대목을 접하기 때문에 삽목은 적절한 방법이 아니다. 인간이 즐겨찾는 과일들은 품종의 당도나 과육질의 유전자를 그대로 이어받기 위해서 접목 번식이 필수다.

조구연의 정원에는 일반적인 수종이나 품종의 번식은 하지 않고 이전에 수집한 야생화나 희귀종 위주로 증식을 시도하고 있으며, 증식의 방법과 과정, 배양토의 배합에 시간과 공을 많이 들이기 때문에 일반적이지 않다. 즉 가성비가 낮고 성공보다 실패가 많다는 의미다. 그래도 조구연이 증식에 성공한 품종들은 시장에서 찾을 수 없는, 소매업자들이 반색할 수 밖에 없는 우량 희귀 품종들이다.

1   접목묘의 습도 관리를 위한 작업으로, 포트마다 비닐 캡을 씌워 준다.
2   포트별 작업 기록.
3   접목수에 달린 감.
4   삽목 작업.
5   작업이 완료된 삽목 포트.

황철쭉 파종

조구연의 정원전

황철쭉 파종

1. 중국 운남성 3800미터 고산지대에서 자생하는 황철쭉은 자혈두견이라고도 부른다. 접목과 삽목이 어려워 파종으로 번식에 성공했는데, 잡종이 나오지 않는 품종이어서 정원수로 인기가 높다. 하지만 재배해 본 사람들은 국내 중부지방에서는 적응이 어렵고 남부지방이나 제주도가 적합한 서식 환경이라고 말한다.
2. 채종한 황철쭉의 씨.
3. 배양토 습도 유지를 위해 마사토 화강암이 풍화되어 생긴 모래 토양에 수태이끼를 건조시켜 압축한 것을 적정량 섞는다.
4, 5. 적옥토 화산토를 고온처리해 만든 붉은 빛을 띤 흙, 녹소토 다공질 황색 점토를 고온 살균 처리한 흙으로 보수력과 통기성이 우수하다, 마사토를 혼합한다.
6. 원활한 배수를 위해 녹소토를 먼저 깔아 준다.
7. 그 위에 혼합토를 2차로 깔아 준다.
8. 씨주머니에서 씨를 분리한다.
9. 씨의 크기가 아주 작기 때문에 흰 종이 위에 올려 놓고 세심하게 파종한다.
10. 이름표를 만들어 꽂아 둔다.
11. 파종한 황철쭉 씨에서 싹이 나는 모습.

영산홍 삽목

기본 배양토로 사용하는 일본 수입산 녹소토.

1년생 녹지를 자른다.

잎의 수를 줄여 광합성 부담을 최소화한다.

30분 정도 물에 담가 수분을 유지시킨다.

수태를 잘게 부수어 마사토와 혼합한다.

녹소토, 마사토, 수태를 혼합한다.

혼합토를 1차로 깔아 준다.

거름기를 제거하기 위해 세척한다.

녹소토와 적옥토를 준비한다.

녹소토와 적옥토를 혼합한다.

2차로 혼합토를 깔아 준다.

2차 세척을 진행한다.

나무젓가락을 이용해 삽목을 꽂아 준다.

아주 가는 물뿌리개로 배양토의 공극을 없애 준다.

저면 관수용 수반을 준비한다.

저면 관수로 습도로 유지한다.

조구연의 삽목 과정은 배양토의 유기물 제거와 감염 방지를 위해 세척과 청결에 유의하고 발근촉진제를 사용하지 않으며 습도 유지에 최선을 다한다.

조구연의 정원전

동백나무 삽목

배양토를 준비한다.

가는 물줄기의 물뿌리개로 수분을 유지해 준다.

삽목수를 준비한다. 절단면을 청결하게 유지한다.

삽목수를 심는다. 나무젓가락으로 미리 구멍을 내어 절단면이 상처받지 않게 해 준다.

공중습도 유지가 중요하다.

꽃눈이 있는 삽목수는 꽃봉오리가 달리지만 제거하는 것이 영양생장에 좋다.

조구연의 동백나무 수집종들은 대부분 원산지가 중국이다. 그는 눈길이 가는 품종들은 삽목으로 번식을 시도해 보고 어려운 것은 접목을 시도한다.
뿌리 대목은 우리나라 동백나무 원종을 사용하지만 대목을 구하기가 쉽지 않아 동백나무 씨를 주워 와 파종해서 번식시킨 3년차 묘를 사용한다.

조구연이 사용하는 배양토는 비용과 정성이 많이 들어간 흙이다. 기본적으로 원활한 배수를 위해 1차로 배양토를 깔고, 습도 유지를 위해 2차로 깔아 준다.

동백나무 접목

대목을 절단한다. 사진은 국내산 동백나무 원종.

수피를 정리한다.

형성층을 쪼갠다.

접목지의 수피를 제거한다(전면과 후면).

삽목까지는 아마추어들도 시도할 수 있겠지만 접목을 권하지는 않는다. 접목용 칼을 사용해야 하고, 순간적인 힘의 절제가 필요한, 위험한 작업이기 때문이다. 수피를 제거해 형성층의 옆으로 붙이기도 하고, 형성층을 쪼개어 붙이기도 하며, 요즘은 공구의 발전으로 충전드릴을 사용하는 '드릴접'도 유행한다. 접목은 원예학의 발전으로 개량 품종들이 많이 나왔지만 생장력이 약한 품종들의 원활한 노지 생존이나 우수 품종의 온전한 유전자 보전을 위해서 택하는 번식 방법이다. 조구연의 정원에서는 접목 수종을 많이 볼 수 있는데, 그 작업은 오롯이 남편의 몫이다.

조구연의 정원전

접목지를 꽂는다.

접목 전용 테이프를 감아 준다.

빛이 감지되지 않게 여러 번 테이프를 감아 마감한다.

취목

보통 식물의 특성에 따라 여러 번식법 중 적절한 선택을 해야 한다.
취목의 경우 1년차 녹지가 아닌 다년차 줄기에서 가능한 번식 방법이다.
취목은 성공한다면 단박에 2~3년차 묘목을 만들 수 있다는 장점이 있으나
일반 정원에서는 시각적으로 다소 거슬릴 수 있다는 단점도 있다.

수피를 5센티미터 이내로 제거한다.
사진은 해당화 일본 품종.

수태와 피복용 비닐을 준비한다.

준비한 수태와 비닐로 벗겨진 수피를 감싼다.

조구연의 정원전

비닐을 피복해 습도를 유지해 준다.

부드러운 알루미늄 철사로 단단히 고정해 준다.

현재진행형 학습

정원이 지금까지 열거한 '가성비의 공간'이 되기 위해 필요한 것은 역사 기록, 기획 전시, 상설 전시, 재생산 기능으로 요약할 수 있다. 재생산 기능을 좀 더 세분하면 면적이 큰 수목원, 식물원에서는 경내 화단bed을 조성하기 위한 직영 식물 공급, 수익 창출을 위한 판매, 품종과 원예종 개발을 위한 연구·개발R&D, Research and Development 등 세 가지로 나눌 수 있다. '조구연의 정원'의 경우는 R&D 기능에 가깝다(마당이 좁아 더 이상 심을 곳도 없어 나눔도 하고 가끔 업체에서 구매하기도 한다).

위 네 가지 기능 중 역사 기록과 상설 전시는 일단 세팅이 되면 관리의 영역이고, 기획 전시와 R&D는 창작creation이자 평생 학습의 영역이다. 그런데 이 평생 학습은 공부를 평생 하겠다는 주체의 의지가 아니라 그 대상을 공부하는 과정과 시간이 오

조구연의 고향 논산에 자리 잡은 드라마 〈미스터 션샤인〉 세트장 '션샤인랜드' 안에 있는 글로리호텔 정원은 조구연과 봉사자들의 도움으로 만들어졌다. 매년 4월이 오면 전국적인 '안젤라장미 맛집'이 된다.

래 걸린다는 의미가 더 중요하다.

　예를 들어 보자. 목공예나 요리 같은 취미활동은 작은 실수가 있으면 다시 시도하는 데까지 시간이 오래 걸리지 않는다. 하지만 식물 기르기의 경우 가장 짧은 생애 주기가 1년이다. 실수로 가지 하나가 잘못 꺾이거나, 가뭄으로 잎이 마르거나, 과습으로 뿌리가 썩거나, 태풍으로 줄기째 뽑힌다면, 다시 시도하고 결과를 보기까지 적어도 1년을 기다려야 하는, 호흡이 참으로 긴 학습이다. 식물 애호가와 정원을 사랑하는 사람들은 대상의 생애와 특성을 이해하고 인내할 수 있는 성정의 소유자여야 한다 (어떠한 성격이어야 하는지는 독자들의 판단에 맡긴다).

　정원 주인에게는 인생이 짧다. 사랑으로 지켜볼 대상은 많고 오랜 시간이 필요한데, 주어진 시간과 공간은 유한하다. 조급함을 버리고 부족한 것은 남의 정원과 세상의 정원을 두루 살피며 대리 만족하고, 냉정과 열정 사이에서 과몰입하지 않고, 유연하게 절충하는 것이 현명한 선택이다.

그대 모습은 장미

조구연의 정원전

요즘 조구연이 사랑을 쏟는 대상이 장미와 무궁화로 옮겨 갔다. 40여 년의 덕후 이력을 감안하면 무궁화는 이해가 가고, 장미는 좀 의외다. 사실 장미는 입문자들이 눈이 뒤집혀 빠져드는 원예종인데, 가시가 싫다는 이유로 처음에는 외면했지만 한번은 경험해 보시라고 추천했더니 현재 '과몰입' 중이시다. 전국의 테마파크와 도시공원의 상낭 면적이 장미원에 할애될 정도로 가장 대중적인 인기를 누리는 식물이자 화려한 자태와 치명적 향기로 유혹하는 장미를 그는 왜 젊은 시절 가까이하지 않았을까?

흔히 장미는 여인과 같아서 온전한 관리와 유지에 시간과 공이 많이 들어간다고들 하지만, 외모와 향기와 다루기 힘든 가시 때문만은 아니다. 장미가 화려한 색상의 꽃을 많이 피우게 하고 짙은 향기를 내게 하려면 적어도 1년에 세 번은 땅 거름을 세

게 주어야 하고, 엽면시비 비료나 농약을 물에 타서 식물의 잎에 뿌려 양분이나 약액을 흡수하게 하는 일도 해야 하며, 병충해 방지를 위한 살균·살충 방제도 주기적으로 해야 할 뿐만 아니라, 개화 시기에는 거의 매일 데드헤딩을 해 주는 등 일상적 관리가 필요하다. 장미는 정말 까다로운 식물이다. 더구나 덩굴장미의 경우 데드헤딩을 하려면 대부분 높은 A형 사다리를 타야 한다. 따라서 장미는 사실 젊은 '힘의 관리'가 필요한 수종이다. 하지만 어쩌겠는가? 남은 시간이 별로 없다면서 '지금 알고 있는 것을 그때 알았더라면' 하는 심정으로 그는 조급한 사랑에 빠져 있다.

무궁화 꽃이 피었습니다

그러고 보니 조구연은 정원을 가장 사랑하는 나라 영국의 국화國花 장미와 대한민국의 국화 무궁화에 빠져 있다. 그러나 이 식물들이 각 나라에서 받는 대접과 국민의 사랑하는 마음은 너무 다르다. 장미는 영국인의 사랑을 넘어 세계인의 사랑을 받는 명실상부한 대스타지만, 무궁화는 정부의 공식 휘장이나 표식 정도에나 이용되는 박제된 꽃이지 정원 현장에서는 한여름 땡볕에 버림받는 찬밥 신세에 가깝다. 학교나 공공기관의 정원, 가로변에도 흔하게 심겨 있고, 홍천군과 완주군에는 무궁화테마파크도 있으며, 심지어 1호 국가정원인 순천만정원에도 무궁화정원이 따로 있지만, 엉성한 구성과 부실한 관리로 어느 한 곳 사랑받는 곳도 감동을 주는 곳도 없다. 보기 드물게 주인의 정성과 지속적인 관리를 받는, 상태가 좋은 몇몇 개인정원이 있을 뿐이다.

경기 화성의 농가 무궁화

경남 합천의 농가 무궁화

한번 물어 보자! 국내 어디에서 무궁화와 어우러진 아름다운 정원을 본 적이 있는가? 국가를 상징하는 꽃이라지만 진심이 보이지 않는, 형식적인 지원과 전문가들의 외면으로 예산 낭비만 하고 있지 않은가? 할 말은 많지만 두 가지만 지적하겠다. 이제 막 무궁화에 빠진 두 부부를 위한 희망이 담긴 권고와 바람이기도 하다.

무궁화는 생장력이 좋고 개화 기간이 길다. 꽃 한 송이의 개화 기간은 하루나 이틀이지만 꽃송이가 연이어 피고 지며 100

2023 순천만정원박람회의 무궁화정원. 영양 상태가 극도로 부실해 보이는 이 중앙의 무궁화는 전시 기간 내내 주사기를 달고 버티고 있었다. 주최측의 무궁화에 대한 생각을 짐작할 수 있어서 못내 마음이 불편했다. 최상의 상태를 보여 주어야 할 무궁화정원 전시장에 병든 무궁화라니.

일까지도 간다. 하지만 이 장점만 믿고 단순하게 키울 일이 아니다. 우선 무궁화가 긴 시간의 인내가 필요한 수종이라는 인식을 가지고 관리해야 한다. 또 무궁화를 여름정원의 주인공으로 삼아, 여름 식물들과 어우러지는 풍경을 만들어야겠다는 지향성을 가지고 키워야 바람직하다.

내가 20년 정도 관찰해 본 결과, 무궁화는 생장력이 좋아 줄기가 많은 다발성 관목으로 잘 자라며, 가지를 적절하게 다듬으면 교목형 수형으로도 키울 수 있다. 또 병충해에 강해 1년에 1회만 방제해도 여름 내내 건강한 꽃을 많이 피운다. 하지만 무궁화의 장점을 살리려면 조건이 있다. 무궁화는 태생적으로 뿌리가 얕게 뻗는 천근성淺根性 수종이다. 그래서 파종했거나 어린 묘목5년생 이하을 식재한 경우 뿌리의 정착이 안정적이지만, 어느 정도 자란 성목의 경우 이식 정착율이 현저히 떨어진다. 따라서 병충해에도 약해지고 태풍 같은 악천후에는 쓰러질 가능성이 높다. 한마디로 이식 성공률이 높지 않다는 의미다. 건강하고 안정적인 무궁화정원을 조성하려면 파종이나 묘목을 심어 20년쯤 정성껏 관리하며 기다려야 한다.

재임 기간이 제한적이어서 단기간에 실적과 결과를 내야 하는 학교장이나 기관장이 성숙한 무궁화정원의 비주얼을 기대하며 단박에 결과를 보기 위해 성목을 심는 경우가 많은데, 무궁화는 생리적 특성상 이식 이후 더 심하게 몸살을 앓는다. 수목 이식과 정원 만들기는 절대적 시간이 필요하기 때문에 이런 시도는 당연히 실패다.

강릉시 방동리 무궁화. 강릉박씨 종중 재실 마당에 있는 수령 120년으로 추정되는
홍단심계 **중심부**에 단심이 있고, **붉은색 계통 꽃잎인 무궁화** 재래종 무궁화다. 보통 40~50년 수명을
뛰어넘어 이 상태의 모습을 보여 준다는 것은 문중 재실 마당의 상징처럼 극진한 관리의 결과로
추측된다. 다간 줄기를 외목대로 만들어 생장에너지를 최소화했고, 적정 지하고 枝下高를
확보하며 교목 형태로 수형을 관리해 나무 한 그루지만 공간의 위엄과 품격을 높여 주고 있다.

무궁화는 철저한 관리 수종이다. 심어 놓고 가만히 두면 왕성하게 자라는 무궁화의 특성상 다발성 관목 형태로 자라기 때문에 수지밀도樹枝密度가 높아져 공기의 흐름이 쉽지 않아 음습해지고 해충의 좋은 서식처가 되기도 한다. 요즘 전국적으로 창궐하는 미국선녀나방의 피해가 특히 심한 수종이 무궁화인 이유다. 또 무궁화는 1~2일간 꽃이 피고 질 때에는 꽃잎이 오므라들면서 말라붙어 잘 떨어지지도 않고 전체적으로 지저분해 보인다. 따라서 시각적인 정돈과 생장 촉진, 병충해 방지를 위해서는 연속 개화 기간 중 데드헤딩을 매일 해 주어야 한다. 물론 가장 더운 여름철에 해야 하는 일이라 쉽지 않다. 결론적으로 무궁화는 생장 특성과 개화 특성상 정원사의 일상적 관리와 관심이 필요한 수종이어서 공원수나 가로수로는 적절하지 않다.

다발성 관목 형태의 수형과 높은 수지밀도 때문에 무궁화를 공간 구분을 위한 경계목으로도 많이 사용한다. 하지만 사실 시각적으로 좀 답답해 보인다. 더구나 요즘같이 정원을 열린 공간으로 확장하는 조경 트렌드에 비추어 보았을 때는 외면받기 쉬운 구닥다리 수형이다(주목이나 향나무, 측백 등의 차폐용 수목도 마찬가지). 또 단순하고 '올드'해 보이는 꽃색花色과 고온 다습한 여름 땡볕에 꽃이 핀다는 것도 외면 받는 이유 중 하나다(이 두 가지 측면에서 좋은 계절 5월에 꽃이 피는 장미와 비교해 보라). 이런 단점에도 무궁화로만 구성된 테마파크와 정원을 별 고민 없이 만드는 것은 무모하고 용감한(?) 공급자의 일방적인 행위다. 소비자의 입장

은 염두에 두지 않는 결정 같다. 무궁화정원은 '국화國花의 공간'이라는 정책 지향적 공간이거나, 땅 넓은 도시공원 혹은 공공 수목원에서 만들 수 있는 공간이지만, 효율성이나 관심도가 떨어지는 것이 현실이다.

나는 이 지점에서 도리어 개인적으로 매우 긍정적인 희망과 확신을 가지고 있다. 비록 현실의 상황은 무궁화의 공간이 선언적 공간에 불과하고, 사실상 외면과 무관심의 대상이지만, 이를 타개하고자 하는 선구자 first mover가 성공할 확률은 역설적으로 높다. 그 첫 단계가 무궁화가 주연인 여름정원의 조성이다. 앞서 무궁화 전용 공간의 단조로움과 비효율을 해소하고, 역으로 일반적인 여름정원의 부실함을 보완해 줄 수 있는 훌륭한 재료가 무궁화다. 이 여름정원을 제일 잘 조성할 수 있는 공간은 정원사의 정성과 손길이 언제나 미칠 수 있는, 일상적 관리가 가능한, 개인정원일 수밖에 없다. 조구연의 선택이 좀 더 일찍 시작되었으면 훨씬 좋았을 텐데, 하는 아쉬움이 있다.

1   아리랑
2   슈가 팁
3   핑크 시폰
4   삼일홍
5   칠보
6   개량 자주
7   연강
8   산처녀
9   영백
10 덴마크 무궁화 품종
11 사쓰마시로 일본 품종

어머니의 텃밭

앞서 나는 어머니의 텃밭 규모가 개인정원의 최적 모델이라 판단한다고 말했다. 추억에 잠기게 하는 감성 공간의 필요나, 요즘 구미에서 유행하는 키친가든 kitchen garden 때문에 그렇게 말한 것이 아니다. 10년 전쯤 청송군의 어느 한옥마을에 마실 갔다가 마침 저녁 햇살이 비스듬히 내려앉은 어느 텃밭의 풍경에 순간적으로 아름답다는 생각이 들었다(이 어휘가 너무 감상적이고 주관적이라서 잘 쓰는 표현은 아니지만). 텃밭을 구성하는 모든 식물이 매우 정갈하게 관리되어, 소박하지만 하나하나 반짝거리며 생생하게 살아 있는 모습이었다. 진정한 정원은 이런 곳이 아닐까! 이런 깨달음을 얻은 나름 논리적으로 정리해 보았다.

어머니들은 자고 일어나면 (가족의 아침 일상을 챙겨야 하니 늦게 일어나는 법이 없다) 새벽녘에 텃밭에 나가 소박한 찬거리를 장

만하기도 하고, 물도 주고 약도 쳐야 한다(관수와 방제는 과학적으로 대기 온도가 오르기 전인 아침이 물의 흡수율도 좋고, 광합성 주기에도 맞으며, 도포된 농약은 증발이 더뎌 가장 효과적이다). 가족이 일터나 학교로 떠난 아침이 지나 풀숲 이슬이 마를 때쯤이면, 두어 시간 김도 매고 작물을 돌보며, 볕도 쬐고, 꽃도 구경할 수 있는, 가족의 순수 노동력으로 꾸려 나갈 수 있는 소박한 여유 공간. 이런 공간이 최적의 개인정원이 아닐까?

조구연의 텃밭

부지깽이나물, 파, 마늘, 부추, 쑥갓, 엄나무, 두릅, 감자, 상추. 혹시 이 식물들의 꽃을 구경한 적이 있는가? 하나같이 텃밭에서 흔히 볼 수 있는 작물이지만, 이들의 꽃을 본 기억은 별로 없을 것이다. 텃밭 작물은 그 줄기나 잎, 새순, 뿌리, 열매가 다 반찬의 재료다. 이를 얻기 위해 이른 봄부터 텃밭에서 새순을 몇 차례 따기도 하고, 잎이나 줄기를 주기적으로 채취하기도 한다(인간에게는 섭생을 위한 활동이지만 식물 입장에서는 생육 방해 활동). **뿌리의 생장이나 번식을 방지하기 위해 꽃이 피자마자 바로 떼어 내기**

도 한다. 인간들이 이렇게 생식생장을 방해하니 텃밭에서는 거의 꽃을 볼 수 없다. 하지만 가끔 꽃이 눈에 띄기도 한다. 텃밭에서 꽃이 핀다는 것은 주인이 수확 활동을 게을리했다고 생각할 수도 있지만, 과연 그럴까? 찬거리로 모두 거두어들이기보다 일부는 남겨 두어 꽃을 볼 수 있게 한 주인의 여유 때문일지도 모른다. 님도 보고 뽕도 따듯, 꽃도 보고 우량 종자도 챙기는 소박한 지혜의 발상이었을 것이다. 작물들의 꽃은 하나하나 자세히 들여다보면 모두 예쁘다. 까치밥으로 남겨진 홍시조차 겨울정원의 예쁜 꽃이다.

엄나무꽃. 순을 채취하는 농가에서는 1차로 봄순을 따낸 후 강전정을 해서 새 가지와 2차순을 따기 때문에 꽃을 구경할 수 없다. 인간의 간섭이 없는 온전한 엄나무에서는 7~8월 사이 화려한 꽃이 피어나 감상할 수 있다.

아주 특별한 일용할 양식

조구연의 정원전

맨몸으로 한계선인 해수면 40미터 밑까지 잠영이 가능한 해군 특수 요원UDT들이 스쿠버 장비를 착용하고 바다에서 잡는 생선은 작살 촉이 몸에 닿는 순간 압력의 차이로 순식간에 피가 빠져나간다고 한다. 그렇게 갓 잡은 생선회의 맛은 오직 그들만이 알 수 있단다.

    이처럼 귀하고 화려하지는 않지만, 텃밭 현장에서만 맛볼 수 있는, 청정하고 소박하며 섬세한 음식이 있다. 조구연도 어머니의 텃밭으로부터 전해 오는 제철 재료를 이용한 음식을 잊지 않고 차려 내고 있다. 텃밭을 일구던 이 땅의 어머니들은 정원이 주는 감성과 위로, 실질적 효율성을 모두 잡은 셈이다. 현대의 키친 가든 개념을 일찌감치 도입한 옛 어머니들의 지혜를 대를 이어 전해 받은, 조구연의 밥상에 오른 음식을 살펴보자.

명이나물 (정명 산마늘)

이른 봄 일찍 돋아나는 명이나물은 연한 잎을 따서 삼겹살을 싸 먹기도 하고, 식초, 설탕, 양조간장을 같은 분량으로 넣어 저장음식인 장아찌를 만들어 먹기도 한다.

부지깽이나물

봄이 되어 처음 돋아나는 부지깽이나물순은 고기 반찬과 바꾸지 않는다는 말이 있다. 여름까지 새순을 잘라먹을 수 있다(이래서 꽃을 못 본다).

참죽나무순

참죽나무 새순이 올라오기 시작하면 만들어 먹을 음식에 따라 순을 자르는데, 10센티미터 정도면 생선회처럼 초장에 찍어 먹기 적당하고, 15센티미터쯤이면 장아찌로 만들고, 더 자란 것은 데쳐서 부각이나 부침개의 재료로 쓴다.

코끼리마늘장아찌

일반 마늘처럼 가을에 심어 이듬해 하지쯤 캐는데, 저장음식으로 먹으면 맛이 남다르다. 식초, 설탕, 양조간장을 같은 분량으로 넣어 장아찌를 담그는데, 팔팔 끓는 물에 살짝 데치는 시간에 따라 맛이 좌우된다. 철망 소쿠리에 담아 아주 잠깐 데쳐야 한다(손목의 맥박이 열 번 정도 뛰는 시간). 시간이 오래되면 물컹거려 맛을 버린다. 잘 가공된 코끼리마늘은 상온에 두고 먹어도 변하지 않는다.

솎음 무와 배추로 끓인 국

8월 10일에서 20일 사이에 김장무와 배추를 심는다. 예전 시골에서는 김장무와 배추를 집에서 직접 씨를 심어 길렀고, 밭고랑에 넉넉히 씨를 뿌리기 때문에 집집마다 솎은 무와 배추가 흔했다. 솎은 어린 무와 배추의 뿌리 끝부분을 잘라 내고 깨끗이 씻어 만든 된장국이나 소고기선지국의 부드럽고 싱그러운 맛은 딱 그 시기에만 맛볼 수 있는 계절 음식이다.

양지머리 김장배춧국

쌀뜨물에 된장을 풀어 김장용 배추와 양지머리를 조금 넣고 끓인 배춧국은 시원한 국물과 소고기가 흔하지 않던 시절, 육향의 절묘한 조화를 음미할 수 있는 소박한 추억의 초겨울 음식이다.

삼등거리파장아찌

코끼리마늘과 함께 가을에 심어 이듬해 하지에 캔 후, 뿌리만 여러 가지 음식의 양념으로 사용한다. 줄기 끝의 자구는 그늘에 잘 보관했다가 가을에 심는다. 고추장이나 된장으로 만든 알뿌리 장아찌는 오래 저장해야 더 깊은 맛이 난다.

애고추장조림

늦가을 된서리가 내리면 밭작물 대부분은 숨이 죽기 때문에 고추도 직전에 남아 있는 것을 다 따서 저장음식을 만든다. 이 늦고추는 여름날 더위에 속성으로 자란 것과 달리 찬 바람을 맞으며 견디고 자라서 잎이나 살이 두껍고 단맛이 있어 여러 가지 음식으로 만들어 저장한다. 약이 차고 매운 고추는 동치미에 넣을 집고추로 삭히고, 그다음 큰 것은 식초, 설탕, 양조간장을 같은 분량으로 넣은 뒤, 보름 후 간장을 빼서 한 번 끓여 부은 후 냉장고에 저장한다. 고춧잎은 삭힌 뒤 깨끗이 씻어 된장장아찌를 만들고, 가장 작은 애고추는 꼭지를 따고 소 양지머리를 넣고 간장과 함께 조려 반은 냉동실에, 반은 냉장실에 두고 먹는다. 기호에 따라 소고기를 넣지 않고 애고추 한 가지만 조려도 개운하고 독특한 맛이 난다.

양 하

제주도나 남쪽 지방에서 많이 나는 재료지만 지금은 시중에서 보이지 않는다. 밭 한 귀퉁이에 심어 두면, 어김없이 추석 무렵에 양하꽃순이 올라온다. 줄기 아래에서 흙을 비집고 꽃순이 나오는데, 연한 꽃순을 따서 버섯과 채소를 곁들여 나물볶음을 해 먹거나 고기와 함께 꼬치전을 만들어 먹으면 독특한 향을 즐길 수 있다.

텃밭에 배추를 키우는 과정은 대충 이렇다. 8월 중순쯤(중부지방 기준) 붕소와 소석회나 석회고토를 섞어 텃밭의 토질을 알칼리성으로 개량하고 1주일 후 퇴비와 토양살충제를 충분히 준다. 비료의 발효가스가 증발하는 1주일을 기다린 후 비닐 멀칭을 한 다음 8월 말이나 9월 초 종묘상에서 구입한 하우스 모종을 이틀 정도 외부에서 경화시킨 후 모종을 심고 약 70~80일간 물 관리와 빛이 잘 들게 하고, 주기적인 살충제와 살균제 도포, 한두 차례 추가 비료를 주면서 키운다. 결코 간단하지 않은 이 과정은 텃밭 수준에서는 포기당 약 1000원 정도의 원가(모종, 비료, 농약, 관수 등)가 들어가지만, 배추가 잎을 활짝 펼치고 (벼룩잎벌레, 달팽이, 청벌레에게도 배추가 가장 달고 맛있는 시기다) '폭풍 성장'하여 배추통으로 결구하는 과정을 지켜보는 정원의 주인에게는 일상의 먹을거리를 장만하고 있다는 든든한 자신감 뿐만 아니라 생명에 대한 활력과 경외, 시각적 풍만함을 경험하게 해 주는 소박한 1000원의 행복이다.

텃밭의 먹을거리들도 당연히 식물이어서 자꾸 보고 찬찬히 바라보면 예쁘고 인간이 간섭하지 않으면 꽃도 피고 열매도 맺는다. 지나는 과객들에게는 단순한 먹을거리로 보이겠지만, 정원 주인에게는 건강하고 풍성한 초록의 미감과 정신적 만족감을 주는, 애정 어린 관조의 대상이기도 하다.

1 배추
2 배초향(방앗잎)
3 알타리무
4 생강
5 대파
6 양하
7 갓
8 참죽나물
9 부추

조구연의 정원전

부지깽이나물(울릉도 쑥부쟁이)은 워낙 생장력이 좋아서 이른 봄부터 연한 이파리를 계속 뜯어 먹을 수 있으며, 식감이 좋아 사람들이 즐겨 찾는다. 식욕을 절제하고 줄기를 몇 가지 살려 놓으면 10월 말쯤 앙증맞은 하얀 꽃이 피어난다. 한 달이 지나도 시들지 않으며, 꽃마디(절간)가 짧아 웬만한 바람에도 꺾이지 않으며, 된서리가 올 때까지 버티고 있는 강인한 면모도 보여 준다.

언제나 미완성인 정원의 재미와 힘

자기 계발서나 인터넷, 유튜브 등에서는 지루하고 무력한 인생의 국면 전환용 활동으로 자기 마음대로 할 수 있는 것(곰곰이 생각해 보면 인생에서 마음대로 할 수 있는 일은 사실 별로 없다), 예를 들면 청소하기 등을 추천한다. 마음이 개운해지며 행복감이 충만해지고 없던 자신감도 생긴다면서. 비우기, 청소하기, 버리기, 내려놓기, 단순하게 살기 미니멀리즘, minimalism는 실천이 쉽지 않지만, 분명 인생 후반기에 시도해 볼 만한 중요한 덕목이다.

정원 가꾸기는 언뜻 자기 마음대로 할 수 있는 일 같고, 효과도 볼 수 있을 것처럼 보이지만, 청소하기 등의 활동과는 거의 대척점에 위치한다. 정원사 노릇을 오래 하며 산전수전 겪어 내려놓고 즐길 수 있는 수준이면 모를까. 입문자라면 고군분투하며 겪는 시행착오와 함께 정신적·육체적 소모 과정을 반드시 거쳐야 한다.

내 경험을 조금 이야기해 보겠다. 정원 조성 초기에 고향집 우물가를 추억하며 살구나무를 심었다. 살구나무는 1년에 딱 한 번 1주일이 채 안 되는 기간에 여린 분홍 꽃을 보여 주지만, 집의 위치가 논과 숲의 경계에 위치해 그런지 병충해가 심했다. 어쩔 수 없이 농약 방제를 해 보았으나 가정집에서 과수원 수준으로 할 수는 없지 않은가? 결국 견디지 못해 베어 내고 양반목, 선비목이라 불리는 회화나무 성목을 이식했다. 어른 키만 한 나무를 심고 정원에서 7년쯤 지나, 이제 꽃을 좀 볼 수 있을까 싶었는

2020년 3월 10일
마당 정원공사가 시작 되어 비닐하우스 1동이 철거되였고
흑 3차가 들어오고 장비가와서 장독 축대를 만들고
소각장 아궁이도 만들어젓다
비용은 230만원 지급하였다
17일경 공사는 끝나고 식물들 식재를 시작하였다.
우선 나무로는 목련. 살구나무, 감나무, 운용멎. 나무수국.
목단. 작약. 수선화. 깽깽이 삼지구엽초 …
장독대 주변은 여러가지 붓꽃과 백합을 심엇다.
 길쪽으로는 금잔디를 조금심고 맥문동으로 길 포장을 하고
야자카펫으로 길을 덥엇다.
 현채네가 와서 옥상에 널려있는 장독들을 새로 만든곳으로
다옴기고 식물들 식재는 그주만에 거의 마무리 되여간다.
 한달가까이 즐거운 마음으로 일을 했지만 몸이 노쇠하여
한계임을 깨닷고 이번봄에 안했으면 정원공사는 하기
어려웠을것 같앗다.
 앞으로 3년후쯤 지나야 꽃이 예쁘게 피고 나무들이
어우러저 편안한 정원이 될것이다.

데, 그해 여름 태풍이 불고 간 아침 얕은 뿌리 때문에 그만 쓰러져 버려 생을 마감했다. 선명한 오렌지색 꽃잎을 펼치는 능소화의 황홀함에 반해 주택 측벽에 심었지만 능소화의 흡착근이 주택의 마감면을 뚫고 들어가 방수를 방해할 정도로 무시무시할 줄은 몰랐다. 게다가 뿌리가 왕성하게 번식해 마당 곳곳을 뒤집어 놓을 수 있다는 사실을 몇 년 지나고 나서야 알았다. 일단 뿌리가 정착하면 그때부터 사방으로 퍼져 왕성하게 새 줄기를 뻗어 올리는 식물이 바로 능소화다. 이런 폐해는 담쟁이도 마찬가지였다. 붉은 벽돌 마감을 덮고 있는 담쟁이는 주택 입면의 낭만적인 텍스처와 가을 단풍을 즐길 수 있게 해 주지만, 오래되면 흡착근과 함께 온갖 틈새에 다 기어 들어가 방수층을 깨기도 한다. 또 기후변화와 함께 창궐한 미국선녀나방의 온상이 되어 벌레가 먹물색 분비물을 흘리기도 하고, 알을 실을 때 백태가 사방에 끼어 지저분해지기도 한다. 이제는 낙엽 치우기도 점점 힘에 부친다. 시인들은 갓털 달린 민들레의 씨와 제비꽃을 감성적으로 노래하지만, 이들의 번식 속도와 영역 싸움을 하며 드러내는 경쟁력은 정원사들에게는 징글징글하다.

정원은 정원사의 뜻대로 쉽게 이루어지지 않다. 정원은 ① 정원사(주인)의 구상과 의지가 1/3, ② 식물의 생육 특성과 적응력이 1/3 ③ 정원식물 개체간의 조화와 자연의 조화가 1/3, 이렇게 있어야 완성된다. 이 정도의 영향력으로 구성된다면 ②는 정원사의 학습과 임상 관찰로 해결할 수 있지만 ③은 시간과 자연의 영역이라 완벽히 알 수 없다. 거기다 인간의 사랑은 변덕스럽고 옮겨 가는 것이라 더더욱 정원의 완성은 어렵다.

　　인생이 미완성이듯 '정원은 미완성'이라는 설정을 미리 해 두자. 보여 주기식이나 자랑, 따라 하기를 지양하고 겸허하게, 매일매일 꾸준하게 자기만의 감성을 담고, 위로와 교감을 나눌 수 있는 반려의 공간을 가꾸어 나가야 할 것이다.

정원이 지속 가능하다는 것은 '오래간다'는 의미가 아니라, 대를 이어 유지되어야 한다는 의미다. 부모 세대에서 자식 세대로, 손자 세대로 이어지고 전임, 현재, 후임 기관장과 대표이사에게로 이어지는 의견 일치와 합의consensus 과정이 잘 이루어져 정책과 제도와 공간이 변절 없이 계승·발전될 수 있는, 간절하고 절실한, 거부할 수 없는, 치명적 유혹의 아이템(콘텐츠)이어야 가능하다.

　　부자가 3대 못 간다는 속설이 있다. 이것은 물려받은 DNA와 생각, 능력이 각자 다르기 때문에 벌어지는 엄연한 현실이다. 밥 먹기, 섹스, 부모, 자식, 고향, 축구, 야구…. 앞쪽은 어찌할 수 없는 본능적인 영역에 가깝지만 뒤로 갈수록 천차만별인 사람들의 생각과 의지가 작용해 지속될 확률이 떨어진다.

　　'정원'은 지속 가능할 것인가? 위의 관점에서 보면 대한민국에서는 정원이 지속 되어야 할 이유가 충분치 않고 설득력이 떨어지는 듯하다. 정원이 개인의 기호가 반영되는 반려의 대상 공간이라는 사실은 인정하지만, 독특한 세계관을 지닌, 비교적 여유 있는 자들의 한가로운 활동으로 치부될 수도 있다. 그렇지만 개인의 영역에서 조금만 확장해서 생각해 보자. 앞서 열거한

글을 마무리하며

이 정원의 입장에서 보면 기존 이웃 건물의 파사드(건물의 출입구로 이용되는 정면 외벽 부분)가 썩 마음에 들지 않았지만 지난 해 친정으로 귀촌한 딸내외의 리모델링으로 예기치않은 모던한 이미지로 개선되었다. 정원은 정원사의 의지와 의도대로 쉽게 흘러가지 않는다. 하루아침에 홍수나 태풍으로 황폐해질 수도 있다. 자연과 생명의 인연에 보다 겸허해야 한다. 하지만 정원의 미래는 걱정만 할 필요는 없다.

글을 마무리하며

'지속 가능한 것'의 예 중 부모, 자식, 고향, 즉 인구와 지방에 관한 걱정이다.

　　대한민국의 인구 절벽과 절멸, 지방 소멸 문제는 현재 어떠한 장밋빛 정치구호나 비전이 모두 부질없게 느껴지는 심각한 재앙 수준이다. 정원 답사를 하면서 그 뼈저린 현실을 목도하고 있다. 학생들이 부족한 교정과 캠퍼스는 을씨년스럽고, 마을에는 어린아이들이 보이지 않으며, 다문화 가정의 자녀라도 있어야 지역 학교가 폐교를 면할 상황이고, 농수산 생업에 필요한 노동 인력도 구하기가 쉽지 않으며, 소도시의 새벽 인력시장은 전부 외국인으로 이루어져 있다.

　　무엇보다 절실하고 중요한 것은 대한민국에 사는 사람들의 수다. 대한민국 지방의 실상을 보면, 인구를 몰아 줄 위대한 정치가나 사명감 있는 기업가가 아직 이 땅에 강림하지 않은 듯하다(대한민국에서 유일하게 산업 인구가 늘어나는 지역은 삼성과 SK의 반도체 클러스터가 있는 수원, 화성, 용인이다). 이런 와중에 왜 전남 순천시는 10여 년 전인 2013년에 '정원'이라는 한가로운(?) 아이템으로 공간을 조성하고 '국제정원박람회'라는 생소한 대형 이벤트를 개최하는 모험을 했을까?(당시에는 정부 주무 부서를 찾기도 쉽지 않았다. 문체부나 국토부가 될 수도 있었겠지만, 이들의 외면으로 한 단계 밑 산림청이 맡았고 결과적으로 산림청에게는 신의 한 수가 되었다).

　　이후 어째서 많은 지자체가 '따라 하기'라는 수군거림을 감수하면서도 비슷한 공간 구성과 이벤트를 지금까지 시도하고 있을까? 그 이유는 기존 농·수·축산업으로는 인구의 이탈을 막을 수 없는 지방이 문제 해결의 마지막 보루이자 화두인 '관광과 문화 콘텐츠 개발'의 특별한 인재아이템으로 '정원'을 영입했기 때문이다. 후발 주자들도 그 판단을 따라가고 있는 것이다(인구 27만의 순천시는 2013년 제1회 순천만국제정원박람회 개최로 440만 명의 입장객을 유치했고, 파급 경제효과는 순천시 자료에 의하면 1조6000억원이다). 이후 순천시는 매년 500만 명 수준의 입장객을 유지했으며, 2023년 제2회 순천만국제정원박람회를 개최하여 입장객 981만 명을 유치했고, 2023년 현재 국내의 정원 관련 이벤트들은 50여 개 정도다(더 넘을 수도 있다).

입장객들이 당일치기로 다녀가든 1박 2일로 묵어 가든, '사람을 모으고 돈이 돌게 하는 것'이 지자체의 지상 과제이자 지방을 지속 가능하게 하는 '재미와 힘'의 원천이다. 그중의 하나로 '정원'이 선택된 것이고, 그 전략은 유효했고 성공적이었다. 하지만 지금까지 국내에서는 정원이 관광산업의 아이템으로만 존재하는 상황이 아쉽다. 정원의 나라 영국에서는 정원이 관광산업과 생활산업의 주요 종목이다. 영국의 지방에는 대형마트는 없어도 정원용품을 파는 가든센터는 어디에나 있다. 매년 5월 런던에서 5일간 열리는 '첼시 플라워 쇼 Chelsea Flower Show'는 정원을 주제로한 세계 최고의 관광전시이자 산업전시다(매년 국왕이 개장 테이프를 자르는 것이 전통이고, 이 시기에는 BBC 메인뉴스의 첫 아이템이 된다. 방문객이 너무 많아 17만 명으로 제한하기도 한다).

정원이 일상생활이 되어 생활산업으로 발전하고 관광산업으로 확장된다면 더할 나위 없는 이상적 구조지만, 아파트 공화국 대한민국에서는 쉽지 않은 일이다. 하지만 지방(고향)에서 살기를 원하고 정원을 사랑하는 젊은이라면, 정원은 확실히 6차산업의 특별한 아이템이다. 정원이 개인의 취미나 반려의 대상 수준을 넘어 조금만 더 확장된다면, 생활의 방편이 될 수도 있는 재미와 힘을 지닐 수 있다.

아파트 공화국이 단점만 있는 것은 아니다. 인테리어와 베란다정원, 컨테이너정원에 필요한 소형 화분 단위의 반려식물 수요가 증가하고 있으며, 코로나19 시기에는 젊은이들 사이에 관엽식물 수집 광풍이 일기도 했다. 젊은이들이 이런 수요의 1차 생산품과 2차 가공품의 공급자가 될 수도 있고(이 분야도 최신 트렌드 수요 예측과 선진적인 상품 기획·마케팅이 필요한 신세대형 업무다), 아파트 생활자들이 소유하지는 못하지만 대체 욕구의 대상인 '정원 구경과 가든 스테이garden stay'를 제공하는 3차 서비스의 공급자 역할도 가능하다. 요즘 젊은 세대 가족은 기꺼이 비용을 내고 숙박비가 비싼 풀빌라pool villa를 즐길 줄 아는 워라벨 세대여서 가든 스테이의 활성화를 충분히 예측할 수 있다. 세계적으로는 이미 에어비앤비airbnb 숙박 형태가 인기를 얻고 있으며, 국내에서는 천리포수목원의 가든 스테이가 성업 중이고, 순천만국제정원박람회장에서 임시 운영했던 가든 스테이는 이용객들의 호평(1박 50만 원 수준의 고가였지만)에 고무되어 순천시는 그 자리에 워케이션일work과 휴가vacation의 합성어센터를 조성해 사업 영역을 확장하고 있다.

글을 마무리하며

나는 개인정원이 원예업에서 생활산업으로 격상하기 위한 기반으로 활성화되기를 기대한다. 보다 확장된다면 6차산업의 지속 가능한 모델이 될 수 있고, 지방이 당면한 '인구와 경제' 문제를 개선하고 도시와 농촌의 균형 개발을 위한 연결 고리가 될 수 있다고 확신한다. 정부도 이를 위해 국가정원이나 지방정원뿐만 아니라 민간정원에도 창의적인 제도적 지원을 해 줄 것을 기대한다. 이는 지방 소멸과 국토 관리 문제 측면에서 우선적 고려되어야 하고, 상속세와 기타 세제 혜택, 인센티브 제공, 경관 보전 직불제 확대 적용이 필요하다. 또 지자체는 정원 관련 공간 조성과 이벤트를 다른 지역 따라 하기가 아닌 지역의 다양한 정원 기반을 연계 활용한 창의적 발상으로 특성화, 차별화 전략을 수립해야 할 것이다. 순천만정원이 선구적 위치에서 정부의 지원도 많이 받았고, 새로운 이슈를 제공한 것은 맞지만, 다른 지역이 똑같이 따라 할 수도 없고, 따라 할 필요도 없다.

천리포수목원 가든 스테이 '벚나무집'

영국 첼시 플라워 쇼

2023 순천만국제정원박람회장 내 가든 스테이 구역.
꽃과 정원이 있는 박람회장에서 하룻밤을 보내고
아침 산책을 할 수 있어 이용객들의 반응이 너무 좋았다.
효도여행, 가족여행 인기상품이었다.

글을 마무리하며

조구연의 정원은 정원사의 스토리와 역사가 있고, 사계절 식물 구성과 구성과 수집품이 다채로 우며, 가족의 도움과 역할 분담이 있고, 가성비를 극대화하는 기술을 보유하고 있으며, 일용할 양식을 구할 수도 있고, 학습과 소소한 거래의 재미와 힘도 가지고 있지만, 성숙의 시간을 위한 인내의 기다림과 확장의 기로에 있는 지속 가능한 조건의 경계, 맨 끝 가장자리에 있다.

그가 정원의 내일에 대한 걱정을 내려놓고, 앞으로도 오랫동안 건강하고 맑은 정신으로 정원의 순간을 즐길 수 있기를 기원한다.

정원의 순간
— 조구연의 정원에서 내일을 묻다

글·사진 이동협
1판 1쇄 펴낸날 2025년 1월 20일

펴낸이 전은정
펴낸곳 목수책방
출판신고 제25100-2013-000021호

대표전화 070.8151.4255
팩시밀리 0303.3440.7277
이메일 moonlittree@naver.com
블로그 post.naver.com/moonlittree
페이스북 인스타그램 @moksubooks
스마트스토어 smartstore.naver.com/moksubooks

표지 그림 김병진
디자인 스튜디오 폼투필
제작 야진북스

979-11-88806-60-7 (03810)
19,000원

Copyright © 2025
이동협과 목수책방의 독점 계약에 의해 출간되었으므로 이 책에 실린 내용의
무단 전재와 무단 복제, 광전자 매체 수록을 금합니다.